文學與人生的交織，文學巨匠的生平風景

知堂回想錄

（望越篇）

周作人

文學與時事的交匯，細膩觸動心靈的回憶

教育改革奮鬥者周作人的生命之旅——

目錄

目錄

目錄

緣起

我的朋友陳思先生前幾時寫信給我，勸我寫自敘傳，我聽了十分惶恐，連回信都沒有寫，幸而他下次來信，也並不追及，這才使我放了心。為什麼這樣的「怕」寫自敘傳的呢？理由很是簡單，第一是自敘傳很難寫。既然是自敘傳了，這總要寫得像個東西，因為自敘傳是文學裡的一品種，照例要有詩人的「詩與真實」摻和在裡頭，才可以使得人們相信，而這個工作我是幹不來的。第二是自敘傳沒有材料。一年一年的活了這多少年歲，到得如今不但已經稱得「古來稀」了，而且又是到了日本人所謂「喜壽」，（喜字草書有如「七十七」三字所合成）那麼這許多年裡的事情盡夠多了，怎麼說是沒有呢？其實年紀雖是古稀了，而這古稀的人乃是極其平凡的，從古以來不知道有過多少，毫沒有什麼足以稱道的，況且古人有言，「壽則多辱」，結果是多活一年，便多有一年的恥辱，這有什麼值得說的呢。

話雖如此，畢竟我的朋友的意思是很可感謝的。我雖然沒有接受他原來的好意，卻也不想完全辜負了他，結果是經過了幾天考慮之後，我就決意來寫若干節的「藥堂談往」，也就是一種感舊錄，本來舊事也究竟沒甚可感，只是五六十年前的往事，雖是日常瑣碎事跡，於今想來也多奇奇怪怪，姑且當作「大頭天話」（兒時所說的民間故事）去聽，或者可以且作消閒之一助吧。

時光如流水，平常五十年一百年倏忽的流過去，真是如同朝暮一般，而人事和環境依然如故，所以在過去的時候談談往事，沒有什麼難懂的地方，可是現在卻迴不相同了。社會情形改變得太多了，有些一二十年前的事情，說起來簡直如同隔世，所謂去者日以疏，來者日以親，我想這就因為中間缺少聯絡的緣故。老年人講故事多偏於過去，又兼講話嘮叨，有地方又生怕年青的人不懂，更要多說幾句，因此不免近於煩瑣，近代有教養的青年恐不滿意，特在此說明，特別要請原諒為幸。

赤羽橋邊

我們以前都是住在本鄉區內，這在東京稱為「山手」，意云靠山的地方，即是高地，西片町一帶更是有名，是知識階級聚居之處，呂之七號以前夏目漱石曾經住過，東邊鄰居則是幸田露伴，波之十九號的房東乃是順天堂醫院的院長佐藤進。現在一下子搬到麻布，雖然不能算是出於喬木，遷於幽谷，總之是換了一個環境了。那裡的房屋比較簡陋，前門臨街，裡邊是六席的一間，右手三席，後面是廚房和廁所，樓上三席和六席各一間，但是房租卻很便宜，彷彿只是十元日金，比本鄉的幾乎要便宜一半的樣子。在本鄉居住的時候，似乎坐在二等的火車上，各自擺出紳士的架子，彼此不相接談，而且還有些不很愉快的經驗，例如在呂之七號貼近鄰居有一家是植物分類學者，名叫牧野富太郎，家裡下女常把早上掃地的塵土堆到我們這邊來，這或者不是牧野的主意，但總之可見他的沒有什麼家教了。在森元町便沒有這種事情，這好像是火車裡三等的乘客，都無什麼間隔，看見就打招呼，也隨便的談話。不過這裡也有利有弊，有些市井間的瑣聞俗事，也就混了進來，假如互相隔離的住著，這就不會得有了。我們的右鄰是一個做裱糊工的，家裡有一妻一女，這女兒是前妻所生，與後母相處自然是不很和協，而那後母又似乎是故意放縱她，或者真是不能管教呢，總之那女兒漸漸流為「不良少女」了。每天午後，我們衚衕裡便聽見有男子在吹口哨，這是召集的口號，於是她便溜出門去，到附近的芝公園裡與她的那些男女同志會合了。晚上父親回來，聽了後母的訴說，照例來一通大嚷大罵，以至痛打，但是有什麼用呢？第二天到那時候，召集的口哨又來了，弱小的心靈恍如受了符咒的束縛，不覺仍舊衝了出去，結果又是那一場的吵鬧。有時鄰婦看見她，順便勸說道：

「你也何妨規矩點，省得你父親那樣生氣呢？」但是她卻笑嘻嘻的回答道：

「你不知道在外邊玩耍是多麼有趣哩。」這是很有意義的一句話，很值得人去思索玩味的。我們在森元町住了大半年，到了暑假就回中國來了，在我們離開那裡以前，那情形一直是如此，至於後事如何就不得而知了。

在赤羽橋左近，那裡還有一個畸人，他那地方我卻是時常去的，雖然並不曾談什麼天，因為他乃是理髮師，所以我總是兩三星期要去找他一趟的。他據說也有妻子，但是卻獨自住著，在芝公園的近旁，孤另另的一所房屋，外邊一間店面，裝置得很考究，後邊一間三席的住房，左右幾十步之內並無什麼鄰舍。他的店裡比較清淨，這是因價格特別高之故，所以我去理髮的時候，總見他是閒空著，用不著在那裡坐等。還有一種緣由，人們不大去請教他，便是傳聞他是有點精神病的，試想一個人怎肯伸著脖子，聽憑一個手執鋒利的剃刀的精神病患者去播弄呢？我到他那裡去嘗試，本來是頗有點危險的，但是幸而他卻不曾發病，這個危險也就過去了。其實他或者性情乖僻則是有之，看他那樣的生活形式可以想見，人們加鹽加醋的渲染，所以說他有精神病，雖然也是難怪，但總是不足憑信的。我的危險的經驗，縱然不能證明他沒有神經病，但至少說明人言之不盡可信了。

辛亥革命一——王金發

現在已是辛亥這一年了。這實在是不平常的一個年頭，十月十日武昌起義，不久全國響應，到第二年便成立了中華民國，人民所朝夕想望的革命總算實現了。可是這才是起了一個頭，一直經過了四十年，這個人民解放事業才是成功，以前所經過的這些困難時代，實在是長的很，也是很黯淡的。何況在當時革命的前夜，雖是並沒有疾風暴雨的前兆，但陰暗的景象總是很普遍，大家知道風暴將到，卻不料會到得這樣的早罷了。這時清廷也感到日暮途窮，大有假立憲之意，設立些不三不四的自治團體，希圖敷衍，我在翻譯波蘭顯克微支的《炭畫》，感覺到中國的村自治如辦起來，必定是一個「羊頭村」無疑，所以在小序裡發感慨說：

「民生顓愚，上下離析，一村大勢，操之凶頑，而農婦遂以不免，人為之亦政為之耳。古人有言，庶民所以安其田裡，而亡嘆息愁恨之心者，政平訟理也。觀於羊頭村之事，其亦可以鑒矣。」及至回到故鄉來一看，果然是那一種情形，在日本其時維新的反動也正逐漸出現，而以大逆案作為一轉折點，但那到底是別國的事情，與自己沒有多少迫切的關係，這回卻是本國了，處於異族與專制兩重的壓迫下，更其覺得難受。那時將庚戌秋天釣魚的記事抄錄了出來，後邊加上一段附記道：

「居東京六年，今夏返越，雖歸故土，彌益寂寥，追念昔遊，時有棖觸。宗邦為疏，而異地為親，豈人情乎。心有不能自假，欲記其殘缺以自慰焉，而文情不副，感興已隔。用知懷舊之美，如虹霓色，不可以名，一己且爾，若示他人，更何能感，故不復作，任其飄泊太虛，時與神會，欣賞其美，或轉褪色，徐以消滅，抑將與身命俱永，溘然相隨，以返虛浩，皆可爾。所作一則，不忍捐棄，且錄存之，題名未定，故仍其舊。辛亥九月朔日記。」後末有九月初七日夜中作詩一首，題在末後云：

「遠遊不思歸，久客戀異鄉。寂寂三田道，衰柳徒蒼黃。舊夢不可道，但令心暗傷。」

但是十月十日「霹靂一聲」，各地方居然都「動」了起來了，不到一個月的工夫，大勢已經決定，中國有光復的希望了。在那時候也有種種謠言，人心很是動搖，但大抵說戰局的勝敗，與本地沒有多少關係，到了浙江省城已經起義，紹興只隔著一條錢塘江，形勢更是不穩，因此乘機流行一種謠言，說杭州的駐防旗兵突圍而出，頗有點兒危險，足以引起反動的騷亂，但是仔細按下去，仍是不近情理，不過比平常說九龍山什麼地方的白帽赤巾黨稍好罷了。一有謠言，照例是一陣風的「逃難」，魯迅在一篇文言的短篇小說《懷舊》裡描寫這種情形，有一節云：

「予窺道上，人多於蟻陣，而人人悉函懼意，惘然而行。手多有挾持，或徒其手，王翁語予，蓋圖逃難者耳。中多何墟人，來奔蕪市，而蕪市居民則爭走何墟。李媼至金氏問訊，雲僕猶弗歸，獨見眾如夫人方檢脂粉薌澤，紈扇羅衣之屬，納行篋中，此富家姨太太似視逃難亦如春遊，不可廢口紅眉黛者。」這篇小說是當時所寫，記的是辛亥年的事，而逃難的情形乃是借用庚子夏天的事情，因為本家少奶奶預備逃難，卻將團扇等物裝入箱內，這是事實，但是辛亥年的謠言卻只一天就過去了，只是人心惶惶，彷彿大難就在目前的樣子。有一位少奶奶，乃是庚子年那一位的妯娌，她的丈夫是前清秀才現任高小教員，當時在學校裡不曾回家，她就著急的說道：「大家快要殺頭了，為什麼還死賴在外邊？」她大約是固守著「長毛」時候的教訓，以為是遇亂當然要殺頭，所以是在準備遭難而不是逃難了。幸而這恐慌只是一時的，城內經了學生們組織起來，武裝但是拿著空槍出去遊行，市面就安定下來了，接著省城裡也派了「王逸」率領少數軍隊到來接防，成立了紹興軍政分府。這王逸本來名叫王金發，是紹興人所熟知的草澤英雄，與竺酌仙齊名，還是大通學堂的系統，他的兩年來在紹興的行事究竟是功是過，似乎很難速斷，後來他被袁世凱派的浙江督軍朱瑞所誘殺，實在可是死得很冤的。

辛亥革命二——孫德卿

辛亥秋天我回到紹興，一直躲在家裡，雖是遇著革命這樣大事件，也沒有出去看過，所以所記錄的大抵只是一些得之傳聞的事情，如今且來做一回文抄公，從《略講關於魯迅的事情》裡抄來，這乃是我的兄弟所寫，我想這大約是寫得可靠的。他敘述遊行及歡迎的情形如下：

「這時候城內的一個寺裡就開了一個大會，好像是越社（案即南社的紹興分社）發動的，到了許多人，公舉魯迅做主席。魯迅當下提議了若干臨時辦法，例如提議組織講演團，分發各地去演說，闡明革命的意義和鼓動革命情緒等。關於人民的武裝，他說明在革命時期，人民武裝實屬必要，講演團亦須武裝，必要時就有力量抵抗反對者。他每一提議剛要說完而尚未說完的時候，就有一個坐在前排的頭皮精光的人，彎著腰，作要站起來但沒有完全站起來的姿勢，說一句『鄙人贊成！』又彎著腰坐下去，提議就很快的透過。這人不是別人，便是後來魯迅文章裡曾經說起的孫德卿。他雖是鄉下的地主家庭出身的人，但對於推翻滿清政權這件事是熱心的。他曾經拿明朝人的照片去分送給農民，我看到的一張是明太祖的像，約莫三寸來長，分明是從畫像上照下來的。他並且向農民說明，清朝的政府是外面侵入的人組成的，我們應當把他們打出去。對於這主張，農民都贊成，願意起來去打。《揚州十日記》之類的小冊子，這時候也流行到民間。這孫德卿在秋瑾案發生時，曾一次下獄，但不久就出來了。

但是魯迅提議的武裝講演等，大家雖然都贊成，可是缺少準備，力量也不夠。第一件是缺少槍械。府學堂裡雖然有些槍，但沒有真的子彈，有一些也是操演時用的那種只能放響的彈子，只有在近距離內大概能傷人。於是人民終於恐怖起來了。有一天，魯迅從家裡出去，到府學堂去，到了離學校不遠，見有些店鋪已在上排門，有些人正在張皇的從西往東奔走。魯迅拉住一個問他為什麼，他說不知道究竟什麼事。魯迅知道問亦無益，不如到學堂去了再說。他走進校門，已有一部分學生聚在操場裡討論這件事，才知道市民因為聽了有敗殘清兵要渡江過來，到紹興來騷擾的謠言，所以起恐慌的。於是魯迅主張整隊上街解釋，以鎮定人心。手腳很快，一歇工夫就印好了許多張油印的傳單，大概是報告省城克復的經過，和說明決沒有清兵過來的事情。即刻打起鐘來，學生立時齊集於操場，發了槍，教兵操的先生也跑來了，滿頭是汗，他還沒有剪掉辮髮，把它打了一個大結子。他不拿平常用的狹細的指揮刀，掛上一把較闊厚的可以砍刺的長刀，這無非防備萬一的。小心怕事的校長，抖零零的到操場上來講話，想設法攔阻，但沒有用處。在路上，魯迅一班人分送傳單，必要時更向人說明，叫他們不要無端恐慌，的確這很有用處，學生們走到之處，人心立刻安定下來，店鋪關的也仍然開了。時間在下午，一班人回到學校時，天已黑下去了。

離這事情不久，（案大概就是第二天吧）就有人告訴魯迅，說王金發的軍隊大約今晚可以到紹興，我們應當去接他和他的軍隊，這回仍在府學堂裡會集，學生也去的。晚飯後大家興高采烈的走到西郭門外。到了黃昏，不見什麼動靜，到了二更三更，還是不見軍隊開到。學生穿的操衣很是單薄，夜深人靜時覺得很寒冷，於是隻好敲開育嬰堂的門，到裡面去休息，叫起茶房，貼還些柴錢，叫他們燒茶來喝。這時候才看見穿制服的學生們之外，還有頭皮精光的孫德卿，頭戴氈帽的范愛農，好像和徐伯蓀一起捐道台出洋的陳子英也在內。但是夜深了，不特冷，而且也餓，學生們大家摸錢袋，設法敲開店門買東西吃。孫德卿拿出錢來，叫人去買了幾百個雞蛋，大家分吃了。這以後不久，有人來報信，說軍隊因為來不及開拔，大概須明天才可開到，今晚不來了。

於是第二天晚上再去，這回不往西郭，卻往東邊的偏門，人還是這一大批。黃昏以後，月亮很皎潔，正盼望間，遠遠的聽到槍聲響，以後每隔一定的時間槍聲響一下。不多時看見三兩只白篷船，每隻只有一個船伕搖著，然而很快的搖來。船吃水很深，可見人是裝的滿滿的。各船都只有一扇篷開著，過一歇時候船中就有兵士舉起槍來，向空中放一響。先前的兵隊老是這樣做，在有開仗可能的情勢下，常常一響一響的放著槍。不多時候船已靠岸，王金發的軍隊很快的上了岸，立刻向城內出發。兵士都穿藍色的軍服，戴藍色的布帽，打裹腿，穿草鞋，拿淡黃色的槍，都是嶄新的。帶隊的人騎馬，服裝不一律，有的穿暗色的軍服，戴著帽子，有的穿淡黃色軍服，光著頭皮。

這時候是應該睡的時候了，但人民都極興奮，路旁密密的站著看，比看會還熱鬧，中間只留一條狹狹的路，讓隊伍過去，沒有街燈的地方，人民都拿著燈，有的是桅杆燈，有的是方形玻璃燈，有的是紙燈籠，也有照著火把的。小孩也有，和尚也有，在路旁站著看。經過教堂相近的地方，還有傳道師，拿著燈，一手拿著白旗，上寫歡迎字樣。兵士身體都不甚高大，臉上多數像飽經風霜的樣子，一路過去，整齊，快捷。後面跟的人，走的慢一點的便跟不上。不久到了指定駐紮的地方，去接的人們有跟了進去，也有站住在門外面，大家都高叫著革命勝利和中國萬歲等口號，情緒熱烈，緊張。不久就有人來叫讓路，一班人把酒和肉等挑進去，是慰勞兵士去的，外面的人們也就漸漸的散去了。」

我這一節文章寫得特別的長，而且裡邊又是大都抄的別人的文章，這是什麼緣故呢？因為我很珍重那一回革命的回憶，可是我自己沒有直接的經歷，所以只能借用人家所寫的，寫的雖是實樸卻很誠實，後來對於王金發的批評也下的很有分寸，其寫孫德卿也頗是簡單得要領，活畫出一個善良的人來。軍政分府成立，政治上沒有什麼建設，任用的人很不得當，有三個姓王的，頗弄權斂錢，人民倒不大怪王金發，大家都責備「三王」，當時老百姓利用一句「戲文」上的句子，唱道「可恨三王太無禮」，卻不曉得是什麼戲上邊的。這時候府學堂的學生用了魯迅和孫德卿的名義，辦了一個《越鐸日報》，時常加以諷刺，有一回軍政分府布告，說要出去視察，卻說是「出張」，報上就挖苦說，「都督出張乎，宜乎門庭如市也！」別一篇的文章的結末，則有「悲夫」二字，這本是從前常用的字眼，沒甚希奇，可是實際上是在譏刺何悲夫，他也是軍政分府的一個要人。「後來那報館被兵士毀壞了一部分，孫德卿大腿上被刺了一尖刀，但並非要害，傷亦不重。這也許是三王指使的，也許是王金發自己的主意，即使是他的主意，比之於後來軍閥的隨便殺人，實在是客氣得多了。孫德卿被刺傷後，想要去告訴各位老朋友，並且預備把傷痕照了相給老朋友去看。但是很為難，因為身體大而傷痕小，如果只照區域性，傷痕是極清楚了，但看的人不曉得受傷者是孫德卿，如果照全身，面貌是照出來了，但傷痕就看不清楚了。因為照相總不能照得太大呀。結果終於照了全身，但照片並不大。魯迅接到照片，拆開來看時只見赤條條的一個孫德卿，不看見傷痕，不覺嚇了一跳，還以為他發痴了，等到看了他的說明，才知道原來是這樣一件事情。」

辛亥革命三——范愛農

辛亥革命的時候，我所直接見到的人物，只有一個范愛農，——王金發做都督的時候，沒有機會見到，只在雜誌上看見他在二次革命後被朱瑞誘殺的一張死後照相，孫德卿則始終沒有看到，那張裸體照相也因為不是原本，只是翻印登在報上的，所以記不清楚了。范愛農卻是親自見過的，雖然在安慶事件當時反對打電報，蹲在蓆子上那種情形，不曾看見過，卻也大略可以想像得來。紹興軍政分府成立，恢復師範學堂，那時是在民國改元以前，還稱「學堂」，委派魯迅為校長，愛農為監學，二人重複相會，成為好友。因為學堂在「南街」，與東昌坊相距不到一里路，在辦公完畢之後，愛農便身著棉袍，頭戴農夫所用的卷邊氈帽，下雨時穿著釘鞋，拿了雨傘，一直走到「裡堂前」，來找魯迅談天。魯老太太便替他們預備一點家鄉菜，拿出老酒來，聽主客高談，大都是批評那些「呆蟲」的話，老太太在後房聽了有時不免獨自匿笑。這樣總要到十點鐘以後，才打了燈籠回學堂去，這不但在主客二人覺得愉快，便是魯老太太也引以為樂的。但是好景不常，軍政府本來對於學校不很重視，而且因為魯迅有舊學生在辦報，多說閒話，更是不高興，所以不久魯迅自動脫離，只留下愛農一人，有點孤掌難鳴了。

這時候已經是民國元年壬子，改用陽曆，師範學堂也改稱第五師範學校了，魯迅以後的校長是傅力臣，即是當時的孔教會會長，縣署裡教育科長是何幾仲，也就是《阿Q正傳》裡所說的「柿油黨」，掛著一個銀桃子的徽章的，此外也有羅颺伯朱又溪等人。這個情形正是魯迅《哀范君》詩中所說的，「狐狸方去穴，桃偶盡登場」，是也。范愛農一個人獨自在他們中間，這情形就可想而知的了。我這裡為的記載誠實起見，便來借用他自己信裡的話，敘述前後的事情。

這裡第一封信，是壬子（一九一二）年三月二十七日從杭州所發，寄給在紹興的魯迅的，其文云：

「豫才先生大鑒，晤經子淵，暨接陳子英函，知大駕已自南京回。聽說南京一切措施與杭紹魯衛，如此世界，實何生為，蓋吾輩生成傲骨，未能隨波逐流，唯死而已，端無生理。弟於舊曆正月二十一日動身來杭，自知不善趨承，斷無謀生機會，未能拋得西湖去，故來此小作勾留耳。現承傅勵臣函邀擔任師校監學事，雖未允他，擬陽月杪返紹一看，為偷生計，如可共事，或暫任數月。羅揚伯居然做第一科課長，足見實至名歸，學養優美。朱幼溪亦得列入學務科員，何莫非志趣過人，後來居上，羨煞羨煞。令弟想已來杭，弟擬明日前往一訪。想見不遠，諸容面陳，專此敬請著安，弟范斯年叩，二十七號。《越鐸》事變化至此，恨恨，前言調和，光景絕望矣。又及。」這裡需要附帶說明我往杭州的事，那時浙江教育司（後來才改稱教育廳）司長是沈鈞儒，委我當本省視學，因事遲去，所以不曾遇見愛農。《越鐸》變化不是說被軍人搗毀，乃是說內部分裂，李霞卿宋紫佩等人分出來，另辦《民興報》，後來魯迅的《哀范君》的詩便是登在這報上的。第二封信的日期是五月九日，也是從杭州發出，寄往北京的，距前回寄信的日子才有一個月半，范愛農卻已被人趕出師範學校了。原信云：

「豫才先生鈞鑒，別來數日矣，屈指行旌已可到達。子英成章（校務）已經卸卻，弟之監學則為二年級諸生斥逐，亦於本月一號午後出校。此事起因雖為飯菜，實由傅勵臣處置不宜，平日但求敷衍了事，一任諸生自由行動所致。弟早料必生事端，唯不料禍之及己。推及己之由，現統悉系何幾仲一人所主使，唯幾仲與弟結如此不解冤，弟實無從深悉。蓋飯菜之事，系范顯章朱祖善二公因二十八號星期日起晏，強令廚役補開，廚役以未得教務室及庶務員之命拒之，因此深恨廚役，唆令同學於次日早膳，以飯中有蜈蚣，冀洩其忿。時弟在席，當令廚役換掉，一面將廚役訓斥數語了事。詎范朱等忿猶未洩，於午膳時復以飯中有蜈蚣，時適弟不在席，傅勵臣在席，相率不食，（但發現蜈蚣時有半數食事已畢）堅欲請校長嚴辦廚房，其意似非撤換不可。傅乃令學生詢弟，弟令廚役重煮，學生大多數贊成，且宣言如菜不敷，由伊等自購，既經范某說過重煮，定須令廚役重煮。廚役遂復煮，比熟已在上課時刻，乃請諸侯選教員用膳，請之再三，而胡問濤朱祖善范顯章趙士琛等一味喧擾不來。傅乃囑弟去喚，一面搖鈴，令未飽者趕緊來吃，其餘均去上課。弟遂前往宣布，胡問濤以菜冷且不敷為詞，弟乃云前此汝等宣言菜如不敷，由汝等自備，現在汝等既未備，無論如何只有勉強吃一點。胡等猶復刺刺不休，弟遂宣言，不願吃又不上課，汝等來此何干，此地究非施飯學堂，（施飯兩字系他們所出報中語）如願在此肄業，此刻飯不要吃了，理當前去聽講，否則即不願肄業，盡可回府，即使汝等全體因此區區細故退學亦不妨。於是欲吃者還赴膳廳，其已畢者去上課。次日早膳，校長俟諸生坐齊後乃忽宣言，此後諸生如飯菜不妥，須於未坐定前見告，如昨日之事可一不可再，若再如此，絕不答應。諸生復憤，俟食畢遂開會請問校長，以罷課為要挾，此時系專與校長為難，未幾乃以弟昨日所云退學不妨一語為詞，宣言如弟在校，絕不上課，系專與弟為難，延至午後卒未解決。弟以弟之來師範非學生之招，系校長所聘，非校長辭弟，或弟辭校長，絕不出校，與他們尋開心。學生往告訴幾仲，傍晚幾仲遂至校，囑校長辭弟，謂范某既與學生不洽，不妨另聘，傅未允，怏怏而去。次日仍不上課，傅遂懸牌將胡問濤並李銘二生斥退，（此二生有實據，系與校長面陳換弟）胡李遂與趙士琛朱祖善等持牌至知事署，並告幾仲。幾仲遂於午後令諸生將弟對象搬出門房，幾仲亦來，並令大白暨文灝登報，（案金伯楨後改名劉大白，當時辦《禹域日報》，王文灝辦《越鐸日報》）弟適有友來訪，遂與偕出返舍。刻因家居無味，於昨日來杭，冀覓一棲枝，且陳子英亦曾約弟同住西湖閒遊，故早日來杭，因如是情形現有祭產之事，日前晤及，云須事畢方可來杭也。專此即詢興居，弟范斯年叩，五月九號。」還有第三封信，今從略。魯迅在王子日記七月項下，記有范愛農的最後訊息道：

「十九日晨得二弟信，十二日紹興發，云范愛農以十日水死，悲夫悲夫，君子無終，越之不幸也，於是何幾仲輩為群大蠹。」又云：

「二十二日夜作韻言三首，哀范君也，錄存於此。」第二日抄錄一本，稍加修改寄給我，其第一首次聯云：

「華顛萎搖落，白眼看雞蟲。」後附一紙說明道：

「我於愛農之死，為之不怡累日，至今未能釋然。昨忽成詩三章，隨手寫之，而忽將雞蟲做入，真是奇絕妙絕，闢歷一聲，群小之大狼狽。今錄上，希大鑒定家鑒定，如不惡乃可登諸《民興》也。天下雖未必仰望已久，然我亦豈能已於言乎。二十三日，樹又言。」日記八月項下云：

「二十八日收二十一及二十二日《民興日報》一分，蓋停板以後至是始復出，余及啟孟之哀范愛農詩皆在焉。」我的一首詩題作「哀愛農先生」，其詞云：

「天下無獨行，舉世成萎靡。皓皓范夫子，生此寂寞時。傲骨遭俗忌，屢見螻蟻欺。坎壈終一世，畢生清水湄。會聞此人死，令我心傷悲。峨峨使君輩，長生亦若為。」

范愛農之死是在壬子年七月十日，是同了民興報館的人乘舟往城外遊玩去的，有人說是酒醉失足落水，但頗有自殺的嫌疑，因為據說他能夠游水，不會得淹死的，他似乎很有厭世的傾向，這是在他被趕出師範以前所寫的信裡，也可以看出痕跡來的了。

辛亥革命的前景不見得佳妙，其實這並不是後來才看出來，在一起頭時實在就已有的了。且不說大局，只就浙江來看，軍政府的都督要捧一個湯壽潛出來，這人最是滑頭，善於做官，有一個時候蔣觀雲批評他最妙，他說，蟄仙的手段很高，他高談闊論一頓，人家請他出來，便竭力推辭，說我不幹，及至把他擱下了，他又來撈一下子，再請他來，仍說不幹，但是下回仍是這樣撈法，卻把地位逐漸的提高了。後來他升任臨時政府的交通部長，後任有陶成章的呼聲，可是為陳英士所忌，陶住在上海法租界的廣慈醫院，終於王子一月十三日為刺客所暗殺。陶煥卿是個革命勇士，他的聯絡草澤英雄，和要使天下人都有飯吃的主張，確是令人佩服，但看去彷彿有點可怕，似乎是明太祖一流人物，所以章太炎嘗戲呼為「煥皇帝」，或「煥強盜」，魯迅也曾同許季茀評論他道：「假如煥卿一旦造反成功，做了皇帝，我們這班老朋友恐怕都不能倖免。」雖然如此，可是同盟會人那樣的爭權奪利，自相殘殺，不必等二次革命的失敗，就可知道民軍方面的不成了。不過那也是關於本省大局的事，我們不去管它，單說紹興本地，而且只是教育文化一面的事情也罷。

說到紹興教育界的情形，其實也未必比別處特別壞，不過說好那也是不然。大約在光緒末年的乙巳年間吧，他們請蔡子民去辦學務公所，蔡君便託封燮臣來叫我，去幫他的忙，我因為不願意休學，謝絕了他，可是沒有多久，蔡君自己也就被人趕走了。這為什麼緣故呢？那時學務公所是當地最肥的缺，有每月三十元的薪水，想謀這缺的人多了，所以就是蔡子民也不能安坐這把交椅了。自從「桃偶盡登場」以後，這情形自然就更糟了。應運而生的「自由黨」做了教育科長，其餘人物也是一丘之貉，魯迅那三首詩的後面所說那幾句幽默話，即是他們的典故。什麼「大鑒定家」啦，什麼「天下仰望已久」啦，都是朱又溪平常恭維人的話，據蔡谷卿傳說，在紹興初辦警察局（還在前清時代）的時候，他致辭道：

「紹興警察，十分整頓。

杭州警察，腐敗不堪。

兩相比較，相去天壤。」

這比孫德卿的演說，在胡亂說了一番之後，突然的說：「那麼（讀作難末，意思是『如今』）警察局萬歲！」便收了場，雖是也覺得可笑，卻顯得性格善良，沒有那種惡劣氣了。

大約是在這個時候，便是桃偶已經登場，魯迅還沒有到南京教育部去的時候，我寫了那篇《望越篇》，在報上（或是《民興報》，但總之不是《越鐸》）發表，因為留著草稿，上邊有魯迅修改的筆跡，所以略可推測這篇文章的年月。今將全文錄存於後：

「蓋聞之，一國文明之消長，以種業為因依，其由來者遠，欲探厥極，當上涉幽冥之界。種業者本於國人彝德，馴以習俗所安，宗信所仰，重之以歲月，積漸乃成，其期常以千年，近者亦數百歲，逮其寧一，則思感咸通，立為公意，雖有聖者，莫能更贊一辭。故造成種業，不在上智而在中人，不在生人而在死者，二者以其為數之多，與為時之永，立其權威，後世子孫，承其血胤者亦並襲其感情，發念致能，莫克自外，唯有坐紹其業而收其果，為善為惡，無所撰別，遺傳之可畏，有如是也。

蓋民族之例，與他生物同，大野之鳥，有翼不能飛，冥海之魚，有目不能視，中落之民，有心思材力而不能用，習性相傳，流為種業，三者同然焉。中國受制於滿洲，既二百六十餘年，其傴促伏處專制政治之下者，且二千百三十載矣，今得解放，會成共和，出於幽谷，遷於喬木，華夏之民，孰不歡欣，顧返瞻往跡，亦有不能不懼者，其積染者深，則更除也不易。中國政教，自昔皆以愚民為事，以刑戮懾俊士，以利祿招黠民，益以酷儒莠書，助張其虐，二千年來，經此淘汰，庸愚者生，佞捷者榮，神明之胄，幾無孑遺，種業如斯，其何能臧，歷世憂患，有由來矣。

今者千載一時，會更始之際，予不知華土之民，其能洗心滌慮，以趣新生乎，抑仍將伈伈俔俔，以求祿位乎？於彼於此，孰為決之？予生於越，不能遠引以觀其變，今唯以越一隅為之徵。當察越之君子，何以自建，越之野人，何以自安？公僕之政，何所別於君侯，國士之行，何所異於臣妾？凡茲同異，靡不當詳，國人性格之良窳，智慮之蒙啟，可於是見之。如其善也，斯於越之光，亦夏族之福，若或不然，利慾之私，終為吾毒，則是因果相尋，無可誅責，唯有撮灰散頂，詛先民之罪惡而已。仲尼《龜山操》曰，吾慾望魯兮，龜山蔽之，手無斧柯，奈龜山何！今瞻禹域，乃亦唯種業因陳，為之蔽耳，雖有斧柯，其能伐自然之律而夷之乎？吾為此懼。」

這篇文章寫的意思不很徹透，色採也很是黯淡，大有定命論一派的傾向，雖然不是漆黑一團的人生觀，總之是對於前途不大樂觀，那是很明瞭的了。但這正是當時情勢的反映，也是一種數據，所以抄錄在這裡。在那時候所寫的文言的文章也只難得的儲存了這一篇，抄下來重看一遍，五十年漫長的光陰，卻一眨眼間便已在這中間過去了。

臥治時代

在東京留學這六年中都沒有寫日記，所以有些事情已經記不起來了，到了民國元年這又繼續來寫，從十月一日起，一直寫到現在。但是壬子年十月以前的事情，也大抵年月無可查考了，這些事例如范愛農的一件，幸而有他的親筆信札和魯迅的日記，還可知道一點，我自己的往杭州的教育司當視學，在那裡「臥治」的事跡，那就有點茫然了。辛亥革命起事的前後幾個月，我在家裡閒住，所做的事大約只是每日抄書，便是幫同魯迅翻看古書類書，抄錄《古小說鉤沉》和《會稽郡故書雜集》的材料，還有整本的如劉義慶的《幽明錄》之類。壬子元旦臨時政府成立，浙江軍政府的教育司由沈鈞儒當司長，以前他當兩級師範學堂校長時代在那裡任教的一班人，便多轉到這邊來了，一部分是從前在民報社聽過章太炎講《說文》的學生，其中有朱逷先錢玄同，（其時他還叫錢夏，號中季）這就是朱逷先，他介紹我到教育司去的。起初是委任我當第幾科的課長，但是不久又改任了本省視學，這時期大概是三月裡的事情，所以范愛農在三月廿七日的信裡提到這事，但是我因為家裡有事，始終沒有能夠去，一直拖延到大約六七月中，這才前去到差。那時教育司的辦公處是租用頭髮巷丁氏的房屋，這丁家便是刻那「武林掌故叢編」的，在前清鹹同時代很是有名，是杭州的一個大家，但是我覺得這住屋並不怎麼好。我在教育司的這多少天裡，並沒有遍看教育司的房屋，我只到過那客廳，飯廳，和樓上的住室，都是很湫隘的地方。客廳裡擺列著許多石頭，是那有名的「三十六峰」，我卻看不出它的好處來，而且那間房子很是陰暗，那時又值夏天，終日有蚊子飛鳴著，這上邊就是我的宿舍，因為我到來晚了，所以床位已經是在旁邊樓門口，樓梯下院子裡是一個小便桶，雖然臭氣並不薰蒸，卻總也不是什麼好地方。視學的職務是在外面跑的，但是平常似乎也該有些業務，可是這卻沒有，所以也並沒有辦公的坐位，每日就只是在樓上坐地，看自己帶來的書，看得倦了也就可以倒臥在床上，我因為常是如此，所以錢玄同就給我加了一句考語，說是在那裡「臥治」。在樓下「三十六峰」的客廳裡，有些上海的日報，有時便下去閱看，不過那裡實在暗黑得可以，而且蚊子太多，整天在那裡做市的樣子，看一會兒的報就要被叮上好幾口。因此我「臥治」的結果，沒有給公家辦得一點事，自己卻生起病來了。當初以為是感冒風寒，可是後來因為寒熱發得出奇，知道是給「三十六峰」室的蚊子叮的發瘧疾了。本來瘧疾自有治法，只要吃金雞納霜即可以好的，但是在那蚊子窩裡起居，一面吃藥，一面被叮，也不是辦法，所以就告了假，過江回家來了。我這回到杭州到差，大概前後有一個月光景，因為我記得領過一次薪水，是大洋九十元，不過這乃是浙江軍政府新發的「軍用票」。我們在家的時候，一直使用的是現大洋，乃是墨西哥的鑄有老鷹的銀元，這種軍用票還是初次看見，我在領到之後，心裡忐忑不知是否通用，於是走到清和坊的抱經堂，買了一部廣東板朱墨套印的《陶淵明集》，並無什麼麻煩的使用了，這才放心，以後便用這個做了旅費，回到家裡來了。

我往杭州的月日，因為那時沒有寫日記，所以無可考查，但我查魯迅的壬子日記，卻還可以找到一點數據。五月項下有云：

「二十三日，下午得二弟信十四日發，雲望日往申，迎羽太兄弟。又得三弟信云，二弟婦於十六日分娩一男子，大小均極安好，可喜，其信十七日發。」上面所說因為私事不曾往杭州去，便是這事情，又因分娩在即，要人照管小孩，所以去把妻妹叫來幫忙，這時她只有十五歲的樣子，由她的哥哥送來，但是到得上海的時候，這邊卻是已經生產了。六月項下記云：

「九日，得二弟信，三日杭州發。」這時大概我已到了教育司，可見是六月初前去到差的。隨後在七月項下記云：

「十九日，晨得二弟信，十二日紹興發，云范愛農以十日水死，悲夫悲夫，君子無終，越之不幸也，於是何幾仲輩為群大蠹。」這樣看來，那麼我到杭州去的時期，說是從六月一日以後，七月十日以前，那大概是沒有大差的吧。

在教育界裡

壬子年總算安然的過去了，「中華民國」也居然立住，喜是很可喜的事，可是前途困難正多得很，這也是很明顯的。新建設的一個民國，交給袁世凱去管理，而他是戊戌政變的罪魁禍首，怎麼會靠得住呢？到了癸丑（一九一三）年的春天，便開始作怪了，第一件便是三月二十日的暗殺宋教仁，這事大概在當時很令人震驚，因為宋遁初這人在民黨裡算是頂溫和的，他主張與袁合作，現在卻把他來開刀，那下文是可想而知了。這件新聞在我的日記裡記在廿三日項下，平時日記裡邊都不記這種政治要聞，查閱魯迅日記便不曾記著，就是我以後日記也是如此，便是乙卯三月被迫取消帝制，也沒有記錄，直至丙辰六月八日得縣署通告，有一條「袁總統於六日病歿，由黎副總統代行職務」的記事。從癸丑至乙卯這兩年裡，因為二次革命失敗，袁認為天下已莫予毒，可以為所欲為，先是終身總統，隨後想做皇帝，發起籌安會的帝制運動，厲行特務政治，搜捕異己，這種情形以北京為最甚，紹興因天高皇帝遠，還不十分緊張，但也覺得黑暗時代到來，叫人漸漸有點喘不過氣來了。我在這個時期內，一直在幹著中學教書的職務，一面在本縣教育會內做著會長，在教育界裡浮沉了四個年頭，也就是在那裡扮一名「桃偶」的腳色。雖然那時中學與師範都已改屬省裡領導，改稱第五中學等，本縣的教育部也換了人，不復是何幾仲羅颺伯，雖然朱又溪似乎還在。碰巧是教育會副會長陳津門來告訴我，教育會選舉我做會長，勸我就職的是四月廿一日，即是我聽到宋遁初被刺訊息的那一天，蔣庸生來邀我到第五中學擔任英文，乃是四月廿九日，彷彿我是這時決心到那裡去「躲雨」似的。古人句云，山雨欲來風滿樓，不過老實說，我們其時還沒有這樣的敏感，預料到一兩年後的事情，也只是偶爾的遭逢，有了這樣的兩個機會，就抓住了就是了。

我在浙江省立第五中學，自癸丑四月至丙辰三月，十足四個年期，在這時期一共換了三個校長，最初是錢遹鵬，接著是朱宗呂，和徐晉麒。我是在錢君的時候進去的，恰巧那時的聘書還是保留著，現在抄錄在下面，也是當時的文獻，看了很有趣味的。

「浙江第五中學校代表錢遹鵬，敦聘

周啟明先生為本校外國語科教授，訂約如右：

一，教授時間每週十四小時。

一，月俸墨銀伍拾元，按月於二十日致送，但教授至十四小時以外，按時加奉。

一，除燈油茶水外，均由本人自備。

一，此約各執一紙。

中華民國二年四月二十九日訂。」

八月校長易人，新來的朱渭俠，是教育司的舊同事，又是朱蓬仙的兄弟，蓬仙名宗萊，乃是民報社聽講的一人。渭俠任中校校長甚久，至丙辰十一月，因患傷寒專看中醫，及病去而體已不支，終以是無疾而卒，乃由徐鋤榛補充，系兩級師範舊生。我的薪水自癸丑八月起，是每週十八小時，每月六十八元，較以前稍好。渭俠人甚勤懇，唯對學生似微失之過嚴，有一次在教務室內訓飭一個學生，有一個名叫錢學曾的，自己因有事去找校長，在旁等候著，看了不平，便上前給了他一拳。錢生是嵊縣人，「兩火一刀」的地方的人，生性本來剛直，本來事不干己，大可不管，乃遽爾動手對付，只落得自己除名了事，聽說的都為嘆惜，卻已無濟於事了。

我在教育會裡，也是無事可做，反正是敷衍故事罷了，但因為縣署有每月五十元的津貼，所以要辦點事業，除僱用一個事務員和一名公役及支付雜費之外，印行一種教育雜誌，以及有時調查小學，展覽成績，有一回居然辦過一回教科書審查的事。本來小學教科書向由各校自由在商務中華兩家出版物中選用，這回由教育會審定似乎也有點越俎之嫌，但是大家不曾反對，結果審定國文一科是中華書局的當選。原來書局方面誰也沒有運動，不意中獲了勝利，在中華書局固然是喜出望外，可是商務印書館卻氣炸了肺，聲言要去告狀，後來卻不知道怎樣的不告了，大概查不到我們有接受中華書局的賄賂的證據吧。當時我們的行動，實在有點幼稚而且冒失，在教育界上有那麼大勢力的一隻大老虎頭上，居然想去抓它一下癢，那可不是玩的呀！我們辦教育雜誌，現在想起來也有許多好笑的事，文章是用古文，那是不必說了，起初幾期還是每句用圈斷句，等到後來索性不斷句了，理由是古文字不難懂，中國人的義務本應該能讀懂古文的文章，所以沒有加圈點的必要。這主張簡直有點荒謬了，復古到了極端，這便與清朝的江聲書小札或購物開帳用篆文差不多，現在這種實物已經找不到，如能找出來看看，那一定也是好玩的吧。

自己的工作一

我在紹興教育會混跡四五年，給公家做的事並不多，剩下來做的都是私人的事，這些卻也不少，現在可以一總的說一下子。我於一九三六年寫《關於魯迅》這篇文章裡，曾經說過：

「他寫小說，其實並不始於《狂人日記》，辛亥年冬天在家裡的時候，曾經用古文寫過一篇，以東鄰的富翁為模型，寫革命前夜的情形，有性質不明的革命軍將要進城，富翁與清客閒漢商議迎降，頗富於諷刺色彩。這篇文章未有題名，過了兩三年由我加了一個題目與署名，寄給《小說月報》，那時還是小冊，系惲鐵樵編輯，承其回信大加稱賞，登在卷首，可是這年月與題名都完全忘記了，要查民初的幾冊舊日記才可知道。」這回檢視日記，居然在壬子十二月裡找到這幾項紀事：

「六日，寄上海涵，附稿。」

「十二日，得上海小說月報社函，稿收，當復之。下午寄答。」

「廿八日，由信局得上海小說月報社洋五元。」

此後遂渺無訊息，直至次年癸丑七月這才出版了，大概誤期已很久，而且寄到紹興，所以這才買到：

「五日，《懷舊》一篇，已載《小說月報》中，因購一冊。」廿一日又往大街，記著「又購《小說月報》

第二期一冊」，可知上面所說的一冊乃是本年的第一期，卷頭第一篇便是《懷舊》，文末注云：

「實處可致力，空處不能致力，然初步不誤，靈機人所固有，非難事也。曾見青年才解握管，便講詞章，卒致滿紙餖飣，無有是處，亟宜以此等文字藥之。焦木附志。」本文中又隨處批註，共有十處，雖多是講章法及用筆，有些話卻也講的很是中肯的，可見他對於文章不是不知甘苦的人。但是批語雖然下得這樣好，而實際的報酬卻只給五塊大洋，這可以考見在民國初年好文章在市場上的價格，——然而這一回還算是很好的，比起《炭畫》的苦運來，實在是要說有「天壤之殊」了。雖然那篇文章本來不是我所寫的，我自己在同時候也學寫了一篇小說，題目卻還記得是「黃昏」，是以從前在伏見館所遇見的老朋友「法豪」為模型，描寫那貓頭鷹似的呵呵的笑聲似乎也很痛快，但是大約當時自己看了也不滿意，所以也同樣的修改抄好了，卻是沒有寄去。至於那篇《懷舊》，由我給取了名字，並冒名頂替了多少年，結果於魯迅去世的那時宣告，和《會稽郡故書雜集》一併退還了原主了。我們當時的名字便是那麼用法的，在《新青年》投稿的時節，也是這種情形，有我的兩三篇「雜感」所以就混進到《熱風》裡去，這是外邊一般的人所不大能夠理解的。

自己的工作二

《炭畫》是波蘭顯克微支所著的中篇小說，還是我於戊申己酉之交，在東京時所譯出，原稿經魯迅修改謄正後，一直收藏在箱子裡面，沒有法子出版。這回覺得小說月報社頗有希望，便於癸丑二月廿五日寄了去，到了三月一日便得回信云：

「大著《炭畫》一卷已收到，事冗僅拜讀四之一，雖未見原本，以意度之，確係對譯能不失真相，因西人面目俱在也。但行文生澀，讀之如對古書，頗不通俗，殊為憾事。林琴南今得名矣，然其最初所出之《茶花女遺事》及《迦因小傳》，筆墨腴潤輕圓，如宋元人詩詞，非今日之以老賣老可比，吾人若學林氏近作，鮮能出色者。質之高明，以為何如？原稿一本，敬以奉還。二月二十七號。」這當然也是惲鐵樵所寫的，因為他是於舊文學頗有了解的人，所以說的話有些也很有道理，他看出我們很有點受林琴南的影響，但我們一面主張直譯，竭力儲存「西人面目」，卻又主張復古，多用古奧難懂，超出「宋元詩詞」的文句，這種意思卻不是他所能了解的了。總之這結果是「行文生澀，讀之如對古書」，不能通俗，就難得為世人所歡迎，這即是所謂遺憾，被碰了回來正是當然的，但是領了「落卷」回來，得了一句中肯的批語，失意之中也還有幾分的得意。過了小半年之後，我又把譯稿寄到中華書局去試試看，這回可是預料是要失敗，《中華小說界》的編輯原是不大高明的，因為預防這一著，接著又把一篇新寫成的《童話略論》送了去，說明不想賣錢，只希望採用後給我一年分的雜誌，大約價值一元錢，例如《中華小說界》，——不料這也是不成功。過了些時候，得到回通道：

「日前接到來示及《童話略論》，具見到作宏富，深為欽佩。前《炭畫》稿一本，本欲寄還，茲以《童話略論》亦不甚合用，故與《炭畫》一併交郵掛號奉趙，乞即察收。八月二十七日。」

既然兩次碰了釘子，只好向別的方面去另找出路，但是也沒有很好的方法，只得寄到北京託想辦法，於是於九月三日將《炭畫》和那冊《黃薔薇》（當時為得古雅，稱作「黃華」，因為薔薇的名稱不見經傳）的譯稿，都寄北京去。魯迅甲寅日記在正月項下記云：

「十六日，晚顧養吾招飲於醉瓊林，以印二弟所譯《炭畫》事，與文明書局總纂商榷也，其人為張景良字師石，允代印，每冊售去酬二成。」隨後由文明書局寫了一個合約送給我，這合約條例也偶然儲存著，是很難得的數據，今不嫌煩瑣的抄錄在這裡。

「立合約上海文明書局，今承周作人先生以所譯小說《炭畫》一書，委敝局出資印行，以後應得權利均經雙方商定，爰訂合約，彼此各執，條例如次。

一，此書初板印一仟冊，每售一冊，著者應得照定價拾分之貳之利益。

二，文明書局每逢三節結帳一次，將所售書數報告譯者，並將譯者應得之利益郵寄譯者，或譯者之代理人。

三，此書未銷罄期內，譯者不得將稿他售。

四，此書文明書局不得延至四個月後出版。
五，譯者倘違第三條之規定，對於文明書局應負印資之賠償。
六，文明書局倘違第四條之規定，對於譯者應負一佰伍拾圓之賠償。
七，初板售罄後，譯者得將稿自印或他售。
八，譯者售稿時，文明書局得買稿之優先權。（即文明書局所出稿價，與他處相等時，譯者應此稿售與文明書局。）
九，初板售罄後，倘譯者與文明書局雙方仍欲繼續合印，應另訂合約。
十，此書印成後，須黏有譯者之印花，或印有譯者之圖章，方能發行。
十一，此書定價每冊銀弍角伍分。
十二，此書印成後，譯者於一仟冊內，應提取參拾冊，文明書局不計價值。
中華民國三年一月□日，文明書局代表俞仲還，
證人顧養吾張師石。
周作人先生存照。」

《炭畫》居然照合約所說的那樣，於四月裡出版了。魯迅日記裡說：

「二十七日，午後稻孫持來文明書局所印《炭畫》三十本，即以六本贈之。校印紙墨俱不佳。」這書面的圖案系是錢稻孫所畫，四角裡是一個斧頭，就是第十一章「凶終」裡來服殺妻所用的斧子，中間一株

受風的彎曲的楊柳，乃是農婦受難的象徵，至於題字則似是陳師曾所寫。印刷紙張的確不大好，但是書能夠出版，總算是難得的了，初板一千冊也不知賣了多少，事隔幾年之後去問他算帳，書局裡說換了東家，以前的事不認帳了，板稅百分之二十，一總也不過是五十元，可是一個錢也沒有拿到。一九二六年由北京北新書局重新付印，可能印過兩三板，解放後由我改譯白話，收在施蟄存譯的《顯克微支短篇小說集》中，通行於世。總之，這主角來服的夫婦的命運是夠苦惱的了。

自己的工作三

癸丑九月三日寄往北京的舊譯小說，共有三種，除《炭畫》和《黃薔薇》以外，還有一大本的《勁草》。關於《勁草》這本翻譯，在本文第七八節中已經說過，乃是丁未（一九〇七）年在東京時代所譯，因為與書店的《不測之威》重複，賣不出去，所以擱下來的，但是我們對於這書卻有點敝帚自珍的意思，覺得內容很好，總想把它印了出來，為此種種設法，寄給各報館雜誌社的人去看，可是沒有用處，到了末後連原稿也沒有能夠要得回來。據魯迅說，這可能是寄給庸言報館，終於失蹤了。《黃薔薇》的原稿卻幸而不曾遺失，這篇中篇小說總算是出版了，但是在它的出版經過上也有一段很好玩的歷史。我於一九二八年開始寫「夜讀抄」，第一篇便是講《黃薔薇》的，裡邊曾這樣的說過：「《黃薔薇》，匈加利育凱摩耳所著，我的文言譯小說的最後的一種，於去年（即是一九二七年）冬天在上海出版了。這是一九一〇年所譯，一九二〇年託蔡孑民先生介紹，賣給商務印書館的。在八月項下有這幾項記事：

九日，校閱舊譯《黃薔薇》。

十日，上午往大學，寄蔡先生函，又稿一本。

十六日，晚得蔡先生函，附譯稿。

十七日，上午寄商務印書館譯稿一冊。

十月一日，商務分館送來《黃薔薇》稿值六十元。」這是二十年前我們賣給《紅星佚史》的時候的價值，每千字大洋二元，因為那篇譯稿是「毛估」三萬字的樣子，雖然一個字一個字的除去空白計算起來，實在有幾何字，那就不得而知了！

上文說《黃薔薇》乃是我的文言譯小說的最後的一種，這句話似乎應該加以修正才對，因為我用白話寫文章是從丁巳（一九一七）年來到北京，在《新青年》上邊發表文章時才開始的，在這以前的一切譯作用的都是文言。例如辛亥歸國後給《紹興公報》譯的安兌爾然（今通稱安徒生）的《皇帝之新衣》，王子在教育司時所譯的顯克微支的《酋長》，藹夫達利阿諦斯的《老泰諾思》，《祕密之愛》和《同命》，須華勃的「擬曲」五小篇，都是如此。後來一九二〇年群益書社發起重刊《域外小說集》的時節，我便把上邊所說的長短十篇，連同到北京後所譯梭羅古勃的《未生者之愛》以及他的十篇寓言，一併加了進去，這末後的一篇才可以說是我的最後的一種文言譯品了。但是此外也寫些隨筆小品，多是介紹外國的文藝的，作有《希臘之小說》一二兩篇，一是講西元前三世紀時朗戈斯的所謂牧歌小說，二是敘述二世紀時敘利亞文人路吉阿諾斯的諷刺小說，題目是「信史」，可是裡面說的全是神異的故事，譏刺歷史家說誑話的風氣。又寫了一篇西元前六世紀時的女詩人薩福的事跡和她的遺作，題名「希臘女詩人」，還寫了《希臘之牧歌》，是講牧歌詩人諦阿克利思多斯的。另外也寫些別的，如根據古英文的史詩《倍阿烏耳夫》——意云蜜蜂狼，即是熊，是主角的名字，作《英國最古之詩歌》，又抄安徒生的傳記，做成一篇《安兌爾然傳》，送給《紹興公報》。在乙卯年十月裡，將那講希臘的幾篇抄在一起，加上一個總名「異域文談」，寄給小說月報社去看，乃承蒙賞識，回信稱為「不可無一，不能有二」之作，並由墨潤堂書坊轉送來稿酬十七元，這一回似乎打破了過去的紀錄，大約千字不只兩塊錢了吧。

自己的工作四

以前因為涉獵英國安特路朗的著作，略為懂得一點人類學派的神話解釋法，開始對於「民間故事」感到興趣，覺得神話傳說，童話兒歌，都是古代沒有文字以前的文學，正如麥卡洛克的一本書名所說，是「小說之童年」。我就在民初這兩三年中寫了好些文章，有《兒歌之研究》，《童話略論》與《童話之研究》，又就《酉陽雜俎》中所紀錄的故事加以解釋，題作「古童話釋義」，可是沒有地方可以發表，那篇《童話略論》，怎麼的碰釘子，前邊已經說過了。那時因為模仿日本，大書店已仿作童話，但是研究的文章卻不大歡迎，所以就是送給白登，也是不要。我因為沒有辦法，只能送到北京去，恰好教育部的編纂會辦有一種月刊，便在這上邊發表了。後來連跟我在北京所寫的幾篇白話文章，頭一篇是在孔德學校講演的《兒童的文學》，一總收集起來，定名為「兒童文學小論」，由上海兒童書局出版，這書局乃是張一渠君所辦，他原名張錫類，是我在紹興中學教過的一個學生。現在這書局早已沒有，我手頭也已沒有那本小書，所以其內容詳細情形，也已無法說起了。從癸丑年起，我又立意蒐集紹興兒歌，至乙卯春初草稿大概已定，但是一直無暇整理，一九三六年五月寫過一篇《紹興兒歌述略序》，登在當時復刊的北京大學《歌謠週刊》上邊，但是這個工作直至一九五八年九月這才完成，二十多年又已過去了。當時原擬就語言及名物方面，稍作疏證的工夫，故定名「述略」，後來卻不暇為此，只是因陋就簡的稍加註解，名字便叫做「紹興兒歌集」。可是現今因為興起「新民歌」運動，這是舊時代的兒歌，它的出版不能不稍要等待了。

此外我在紹興所做的一件事情，是刊刻那《會稽郡故書雜集》。這原稿是由魯迅預備好了，訂成三冊，甲寅（一九一四）年十一月十七日由北京寄到，廿五日至清道橋許廣記刻字鋪定刻木板，到第二年的五月廿一日，這才刻成，全書凡八十五葉，外加題葉一紙，用粉連紙印刷一百本，共付洋四十八元。書於六月十四日印成，十五日寄書二十本往北京，這書是我親自校對的，自己以為已是十分仔細了，可是後來經魯迅覆閱，卻還錯了兩個字，可見校書這件事是很困難的。《故書雜集》的題葉系是陳師曾所寫，乙卯日記（魯迅）四月項下記云：

「八日，託陳師曾寫《會稽郡故書雜集》書衣一葉。」陳君那時也在教育部裡的編審處，是很傑出的藝術家，於書畫刻石都有獨自的造就，和魯迅是多年的舊交，因為從前在江南陸師學堂的時代便已相知了。他們因此很是托熟，在魯迅日記上很可看得出來，例如丙辰年六月項下云：

「廿二日，上午銘伯先生來，屬覓人書壽聯，攜之部，捕陳師曾寫訖，送去。」兩人的交情，約略可以想見。師曾所刻圖章，魯迅有「會稽周氏」及「俟堂」諸印，又嘗省去兄弟三人名字的「人」字，模仿漢人兩個字的名字，我也得到一方白文的印章，文曰「周作」，又另外為刻一方，是朱文「仿磚文」的，很是古拙，我曾利用漢磚上的一個「作」字，原有外廓方形，將拓本縮小製為鋅板，其古趣可與相比。這裡附帶說及，也是很可紀念的。師曾的國畫世上早有定評，普通所見的都是些花鳥之類，但看到他的《北京風俗圖》的印本，覺很這別有一種趣味，也似乎有特別的價值。這是民國十七年北京淳菁閣出版的，那時師曾已經逝世，是他的友人姚茫父把所收藏的他的遺作三十四幅，各題詞一首，分作兩冊印行，題曰「菉漪室京俗詞，題陳畫十七闋」，但是現在早已絕板了。其第十九圖《送香火》，畫作老媼蓬頭垢面，敝衣小腳，右執布帚，左持香炷，逐洋車乞錢，程穆庵題詞曰：

「予觀師曾所畫北京風俗，尤極重視此幅，蓋著筆處均極能曲盡貧民情狀，昔東坡贈楊耆詩，嘗自序云，女無美惡富者妍，士無賢不肖貧者鄙，然則師曾此作用心亦良苦矣。」其實這三十幾幅多是如此，除旗裝仕女及喇嘛外皆是無告者也，其意義與《流民圖》何異，只可惜道人死後，此種漫畫成了廣陵散，而後人亦無復知道他的人物畫的了。

刻書以後，木板一直放在刻字鋪裡，不曾取回，直至丙辰年的九月十八日始從許廣記取來刻板，放在樓上堆放書籍雜物的一間屋裡。到得民國八年己卯（一九一九）冬天，全家預備搬到北京來住，魯迅一個人回家整理，那時看見一堆木板，以為那些都是先代的試草硃卷的板片，不曾細看，便一裹腦兒付之一炬。結果這《雜集》算是絕板了，只有一百本印本，留存在世間罷了。錢玄同在去世的一年前，便是戊寅（一九三八）年二月一日給我的信裡說道：

「腳逢攝提格年之木刻大著，（搜輯亦著錄也，故稱著無語病）其價總與七五有關，可謂奇矣。這話怎講？原來昨晚得書後，我想今日去代為再碰碰看，不料一問，竟大出意外之表，蓋時經兩日而已漲價為三元矣。我說，未免太貴了。他答道，不貴，還已經說少了！應該是三元五毛呢。我只好揚長而去了。查來函謂他說二元而您要打七五扣，則是一元五毛矣，而今他說應是三元五毛，然則二元尚須加七成五矣。何此書之價之增減皆為七五乎？何其奇也。其實此攤若讓我來擺，我要價還要大呢。因為我知道此書之板已毀，又知此書印得很少，然則當以準明板書論，非當古董賣不可。」所說木刻書即《會稽郡故書雜集》，序文署腳逢攝提格即是甲寅年秋，刻成則已在次年乙卯之夏，所謂已毀乃是指上面當試草刻板燒了的事情。

金石小品

我在紹興的時候，因為幫同魯迅蒐集金石拓本的關係，也曾收到一點金石實物。這當然不是什麼貴重的東西，——這裡所謂貴重，可以分作兩種來說，其一是寶貴，例如商彝周鼎，價值甚高，財力不及，其二是笨重，例如造像墓誌，分量不輕，拿它不動，便都不能過問，餘下來的只是那些零星小件了。這種金石小品，製作精工的也很可愛玩，金屬的有古錢和古鏡，石類則有古磚，盡有很好的文字圖樣，我所有的便多是這些東西，但是什九多已散失，如今只把現在尚存的記錄於下。乙卯八月日記裡說：

「十七日，下午往大街，於大路口地攤上得吉語大泉一枚，價三角，文曰龜鶴齊壽。羅泌謂字壯勁如大觀泉，信然。」其錢直徑市尺一寸八分，字作六朝楷體，甚有雅趣，嘗手拓製為鋅板，印成信封，但因龜字適居中央，如寫信時適當姓名之首，慮或犯忌諱，故迄未使用。磚則有「鳳皇磚」，尚是紹興所得，日記五月項下云：

「十七日，在馬梧橋下小店得殘磚一，文曰鳳皇三年七月，下缺，蓋三國吳時物。」云此磚鄉人得之溪水中，故文字小有磨滅，彌增古趣。「鳳皇」三年為西元二七四年，系孫皓年號，過了六年，皓遂降於晉，去做所謂降王長去了。同樣是南朝的東西，卻是在北京所得，因為原物也恰在手頭，所以就附記在這裡。這乃是南齊年號的磚硯，於癸酉（一九三三）年四月七日買得，查舊日記云：

「七日下午往後門外，在品古齋以三元得一磚硯，文曰永明三年，永字上略見筆畫，蓋是齊字也，筆勢與永明六年妙相寺石佛銘相似，頗可喜。」曾手拓數本，寫題記於上曰：

「此南朝物也，乃於後門外橋畔店頭得之，亦奇遇也。南齊有國才廿餘年，遺物故不甚多，余前在越，曾手拓妙相寺維衛尊像背銘，今復得此，皆永明年間物，而字跡亦略相近，亦至可寶愛。大沼枕山句云，一種風流吾最愛，南朝人物晚唐詩，此意餘甚喜之。古人不可見，尚得見此古物，亦大幸矣。中華民國廿二年重五日，知堂題記於北平苦雨齋。」或者有人要批評說，這磚文恐怕是假的，其實我也是這樣想，兩個永明筆勢彷彿，便是頂顯著的證據，因為沒有別的文字可以做根據來模仿，所以只好採用這巧妙的笨法子了。但是這總值得我們的感謝的，雖然是說假冒，它反正沒有大敲我們的竹槓，一總只要了三塊錢去，而且給我們來模造出一件希有的東西，孔文舉把虎賁士權當蔡中郎，說道：「雖無老成人，尚有典型，」我們對於有些古物，也該是這樣說吧。

此外還有一塊磚硯，也是在北京所得的，但至今尚留存在我的身邊，似乎也值得來一說。這是沒有年號的殘磚，只剩了下端，文曰「大吉」，右側則只有末字曰「作」，上文已經說及，便是我縮小制板，當作名章用，又用原來尺寸，作為《苦口甘口》的書面，後來的《立春以前》也是使用這個封面的。「作」字上邊原來該是造磚的人名和年代，不幸斷缺了，但也幸而斷了，只剩了這一小部分，可以製為硯台，（雖然我個人是不贊成利用古器物，把它改製為日用品的）若是整個的，那就有一尺多長，要顯得笨重累墜了。這雖是沒有年號，但看它文字的古拙疏野，可以推想是漢人的筆墨，紹興在跳山有一塊大吉磨崖，是建初年間的刻石，我看這個大吉磚未必在它之後，不過不知道是在哪裡出土的罷了。這個磚硯有木製底蓋，是用極平凡的木材所做，上面有刻字曰「磚研」，二字並列，下系四字一行云：

「稱即墨侯，有石有瓦，玆以磚為，古而尤雅。甲戌首夏，曙初宗兄大人屬，弟錦春並記。」其製為硯的年月大概是同治甲戌，即一八七四年，去今也已將有八九十年了。

故鄉的回顧

這回我終於要離開故鄉了。我第一次離開家鄉，是在我十三歲的時候，到杭州去居住，從丁酉正月到戊戌的秋天，共有一年半。第二次那時是十六歲，往南京進學堂去，從辛丑秋天到丙午夏天，共有五年，但那是每年回家，有時還住的很久。第三次是往日本東京，卻從丙午秋天一直至辛亥年的夏天，這才回到紹興去的。現在是第四次了，在紹興停留了前後七個年頭，終於在丁巳（一九一七）年的三月，到北京來教書，其時我正是三十三歲，這一來卻不覺已經有四十幾年了。總計我居鄉的歲月，一裏腦兒的算起來不過二十四年，住在他鄉的倒有五十年以上，所以說對於紹興有怎麼深厚的感情與了解，那似乎是不很可靠的。但是因為從小生長在那裡，小時候的事情多少不容易忘記，因此比起別的地方來，總覺得很有些可以留戀之處。那麼我對於紹興是怎麼樣呢？有如古人所說，維桑與梓，必恭敬止，便是對於故鄉的事物，須得尊敬。或者如《會稽郡故書雜集》序文裡所說，「序述名德，著其賢能，記注陵泉，傳其典實，使後人穆然有思古之情，」那也說得太高了，似乎未能做到。現在且只具體的說來看：第一是對於天時，沒有什麼好感可說的。紹興天氣不見得比別處不好，只是夏天氣候太潮溼，所以氣溫一到了三十度，便覺得燠悶不堪，每到夏天，便是大人也要長上一身的痱子，而且蚊子眾多，成天的繞著身子飛鳴，彷彿是在蚊子堆裡過日子，不是很愉快的事。冬天又特別的冷，這其實是並不冷，只看河水不凍，許多花木如石榴柑桔桂花之類，都可以在地下種著，不必盆栽放在屋裡，便可知道，但因為屋宇的構造全是為防潮溼而做的，椽子中間和窗門都留有空隙，而且就是下雪天門窗也不關閉，室內的溫度與外邊一樣，所以手足都生凍瘡。我在來北京以前，在紹興過了六個冬天，每年要生一次，至今已過了四十五年了，可是腳後跟上的凍瘡痕跡卻還是存在。再說地理，那是「千巖競秀，萬壑爭流」的名勝地方，但是所謂名勝多是很無聊的，這也不單是紹興為然，本沒有什麼好，實在倒是整個的風景，便是這千巖萬壑並作一起去看，正是名勝的所在。李越縵念念不忘越中湖塘之勝，在他的幾篇賦裡，總把環境說上一大篇，至今讀起來還覺得很有趣味，正可以說是很能寫這種情趣的。至於說到人物，古代很是長遠，所以遺留下有些可以佩服的人，但是現代才只是幾十年，眼前所見就是這些人，古語有云，先知不見重於故鄉，何況更是凡人呢？紹興人在北京，很為本地人所討厭，或者在別處也是如此，我因為是紹興人，深知道這種情形，但是細想自己也不能免，實屬沒法子，唯若是叫我去恭唯那樣的紹興人，則我唯有如《望越篇》裡所說，「撒灰散頂」，自己詛咒而已。

對於天地與人既然都碰了壁，那麼留下來的只有「物」了。魯迅於一九二七年寫《朝花夕拾》的小引裡，有一節道：

「我有一時，曾經屢次憶起兒時在故鄉所吃的蔬果，菱角，羅漢豆，茭白，香瓜。凡這些，都是極其鮮美可口的，都曾是使我思鄉的蠱惑。後來，我在久別之後嘗到了，也不過如此，唯獨在記憶上，還有舊來的意味留存。他們也許要哄騙我一生，使我時時反顧。」這是他四十六歲所說的話，雖然已經過了三十多年的歲月，我想也可以借來應用，不過哄騙我的程度或者要差一點了。李越縵在《城西老屋賦》裡有一段說吃食的道：

「若夫門外之事，市聲沓囂。雜剪張與酒趙，亦織而吹簫。東鄰魚市，罟師所朝。魴鯉鰱鯿，澤國之饒。鯽闊論尺，鯗銛若刀。鰻鱔蝦鱉，稻蟹巨螯。屆日午而濈集，呴腥沫而若潮。西鄰菜傭，瓜茄果匏。蹲鴟蘆菔，夥頤菰茭。綠壓村擔，紫分野舠。蔥韭蒜薤，日充我庖。值夜分之群息，乃諧價以雜嘈。」羅列名物，迤寫來，比王梅溪的《會稽三賦》的志物的一節尤其有趣。但是引誘我去追憶過去的，還不是這些，卻是更其瑣屑的也更是不值錢的，那些小孩兒所吃的夜糖和炙糕。一九三八年二月我曾作《賣糖》一文寫這事情，後來收在《藥味集》裡，自己覺得頗有意義。後來寫《往昔三十首》，在五續之四云：

「往昔幼小時，吾愛炙糕擔。夕陽下長街，門外聞呼喚。竹籠架熬盤，瓦缽熾白炭。上炙黃米糕，一錢買一片。麻餈值四文，豆沙裹作餡。年糕如水晶，上有桂花糝。品物雖不多，大抵甜且暖。兒童圍作圈，探囊競買啖。亦有貧家兒，銜指倚門看。所缺一文錢，無奈英雄漢。」題目便是「炙糕擔」。又作《兒童雜事詩》三編，其丙編之二二是詠果餌的，詩云：

「兒曹應得念文長，解道敲鑼賣夜糖，想見當年立門口，茄脯梅餅遍親嘗。」注有云：

「小兒所食圓糖，名為夜糖，不知何義，徐文長詩中已有之。」詳見《藥味集》的那篇《賣糖》小文中。這裡也很湊巧，那徐文長正是紹興人，他的書畫和詩向來是很有名的。

大概是在紹興住得有點煩膩了，想到外邊，其實是北京方面，找點別的事情做做看，也就是什麼科員之類，這不記得是哪一年的事情了，總之是袁世凱勢力很旺盛的時候吧，所以這事就一直擱下來了。查魯迅的甲寅日記，在八月項下有記錄道：

「十一日下午，得朱逷先信，問啟孟願至太學教英文學不？

十二日晚，覆朱逷先信。」這事在我的日記上沒有什麼記載，大概魯迅也不曾寫信告知我，因為他知道我自揣沒有能力到大學去教英文學，也無此興趣的，所以也不用問我的意思怎樣，便逕自回信謝絕了。朱逷先是在東京民報社聽章太炎先生講《說文》的同學八人之一，平常雖然不常往來，卻是很承他的關切，壬子年的在浙江教育司的位置，當初是課長隨後改為視學，也是由他的介紹，這一回的事雖未成，但是其好意總是很可感謝的。其後過了兩年，洪憲帝制既然明令取消，袁世凱本人也已不久去世，北京人心安定了下來，於是我轉業的問題乃重新提起來了。這回的事卻不知道是誰的主動，大約不是朱逷先總是許季茀吧，那時是黎元洪繼任大總統，教育總長是范源廉，請蔡子民來做北京大學校長，據說要大加改革，新加功課有希臘文學史和古英文，可以叫我擔任。我因為好奇，有一個時候曾經自修學過古代英文，就是盎格魯索遜的文字，這經過司各得的《劫後英雄略》（*Ivanhoe*）的提倡，我們對於這民族有相當的敬意，便就史詩《倍阿烏耳夫》的原文加以研究，這種艱苦的學習沒有給我什麼別的好處，只是在後來涉獵斯威忒的《新英文文法》的時候，稍有便利而已。

關於此次北行的事前的商談，在我們的日記上都沒有記載，只於魯迅丁巳日記的二月項下，有這兩條：

「十五日，寄蔡先生信。」

「十八日上午，得蔡先生信。」雖然沒有說明事件，可能是關於這事的。二十日得北京十六日信，隔了三天特別寄一封快信去，此信於廿八日到達北京，即日有一封信寄給我，這北行的事就算決定了。我在日記上記著三月四日接到北京的廿八日信之後，次日寫著：

「五日上午，至中校訪徐校長，說北行事。」隔了一個星期，又記道：

「十一日，得北京七日信，附興業匯券九十，又掛號信一，內只《群強報》一片，不具寄者姓名，不知何為也。」這裡我們查對魯迅的日記，在三月七日條下寫道：

「寄二弟信，附旅費六十，季茀買書泉卅。」上文匯票九十元的來源是明白了，但是同時寄到那一封掛號的《群強報》呢？當初一看，似乎是大有文章隱藏在後面，值得用顯微鏡看，或是化學藥水去泡，彷彿是什麼祕密檔案似的，但是仔細的反覆一想，這裡的用意也就清楚的了解了。先祖介孚公當了二十多年的「京官」，沒有什麼好處，可是因此懂得北京的「聽差」哲學，有些簡直可以和斯威夫忒的《婢僕須知》媲美，我因為得聞緒論，所以也就能夠了解此種疑難問題了。我們首先要知道，這類附寄匯票的信件，照例應當掛號，而這卻沒有掛，這是一個要點。同時寄來的一封卻是掛號信，而信內別無他物，只有《群強報》一片，《群強報》不《群強報》且不去管它，但這總就有了一張掛號回執了，這又是一個要點。兩個要點歸併在一起，這問題便解決了：寄信的聽差忘記了掛號，就將報紙一片裝入信封，追補掛號，拿了回執可以消差，至於收件人得到這樣怪信，將如何驚疑，則他是不管的了。日記裡的話多少還有當時驚異的口氣，但當時得到了解答，也就付之不問了，後來見到魯迅，談到這件事的時候，他也只是微笑，說我的推測是不錯的，這正是「公子」所幹的事。「公子」便是那時所用的聽差的「別號」，因為他有那麼從容不迫的態度，無論什麼困難的事都有應付的辦法，自己可以免於「老爺」的責罵，至於達到這目的的手段如何則在所不問的。這種高明的手法也只是在「輦轂之下」才有，若是紹興小地方，那還似乎沒有，所以在《阿Q正傳》裡邊，也還缺少這種人物，作者不曾借用「公子」，也正是他描寫忠實的地方吧。

去鄉的途中二

我將離去紹興的一個月以前，那個曾任江南水師學堂管輪堂監督的叔祖椒生公終於去世了。他的頑固和迷信都是小事情，頂不行者是假道學，到得晚年便都暴露出來，特別是關於女色方面，所以在《回憶魯迅房族和社會環境三十五年間的演變》中間，著者「觀魚」是椒生公的胞侄，也只有感慨的說道：

「但他到了將近古稀的時候，突然的變了，一反以前的道學面孔，竟至淪於荒謬。」他的兒媳本來並不是怎麼的好，現在卻更為家人所看不起，於二月廿一的夜裡死了，也不知道是幾點鐘死的，入斂的時候親丁都藉口避忌，躲了開去，只剩下我們幾個疏遠的本家在場送殮，「中」字派芹侯的次子仲皋，也是椒生公的侄輩，人甚灑脫有趣，看見入斂時無人給死人「捧頭」，這本是兒子的職務，他就笑著自告奮勇說：

「暫且由我來當臨時的孝子也罷。」次日他的兒子仲翔叫我替他做一副聯，那時就給他雜湊道：

「數十年鞠養劬勞，真是恩並昊天，至今飽食暖衣，固無弗盡由慈蔭。廿餘日淹留床簀，遽爾痛興風木，並此啜粟飲水，亦不容長報春暉。」我自己也做了一副，於第三日送過去，其詞曰：

「白門隨侍，曾幾何時，憶當年帷後讀書，竊聽笑言猶在耳。玄室永潛，遂不復返，對此日堂前設奠，追懷謦欬一傷神。」他的一生純是為假道學所害，在南京的時代嘗同伯升給他起一個諢名是「聖人」，覺得這個名字很得要領，實在可以當作他的謚法用了。我於三月廿七日由紹興起程往寧波，是日恰值椒生公的「五七」，中午往拜後，隨於傍晚下船往曹娥去了。

我將啟行的前兩天，第五中校的同事十四人為我餞別於偏門外快閣的花園。餞行也是平常的事，似乎不值得記，我在這裡記的是那地方，因為據今人尹幼蓮在《紹興地誌述略》第十四章裡所說：

「快閣，在城西南三里，宋陸放翁小樓聽雨處。」據說放翁詩有「小樓一夜聽春雨，深巷明朝賣杏花」之句，即是在這裡所做的。快閣在常禧門外跨湖橋邊，俗稱偏門外，正是鑒湖的勝處，近處有橋名為「杏賣橋」，也是用這典故的。但是那七言律詩的題目，卻是「臨安春雨初霽」，乃是淳熙十三年（一一八六）丙午初春在杭州所作，與快閣是沒有什麼關係的。快閣的花園也只是那麼一回事，平凡偪促的，看不出好處在哪裡，和前後看見的娛園與蘇州留園一樣，雖然大小有點差別。所以我這一回的快閣餞別也只是徒有其名，在花廳裡設席宴飲，就那麼走散便算了。

丁巳年（一九一七）三月廿七日晚，我從紹興啟行，同了我的兄弟和工人王鶴招坐了一隻中船，到曹娥埠去。紹興城至曹娥是一站水路，這是在曹娥江東邊，渡江便是上虞縣界，地名百官，據傳說是虞舜的典故，那時浙江鐵路才造了一段，從寧波通到百官鎮。我往北京去，這樣的走法，目的是順路從寧波過，一看伯升叔，他在聯鯨軍艦上任「輪機正」，便是俗語說的「大俥」，那時正停泊在寧波。我們於次日廿八日晨到曹娥，就過江在百官坐火車，八時開車，十一時到寧波，住江北岸華安旅館。伯升叔來訪，因一同進城，至率春樓飲茶，並吃飯，遂回寓，談至十一時睡。廿九日晨，打發三弟鶴招回去，同伯升叔至新寧紹輪定艙位，飲茶於江岸，旋下船，下午四時半開輪，伯升叔別去。這兩天的事情我在這裡就照日記所記的直抄了，原因是藉此來做一點記念，因為我這算是與伯升叔的最後一次的會面了。查戊午（一九一八）年日記一月項下記云：

「廿七日，得廿三日家信，雲升叔在寧病故。」後來檢查關係檔案，云在陰曆十二月初九日身故，可能這就是一月廿一日，次日得到電報，又次日乃寄此信。這樣計算起來，他也是剛得年三十七歲，就是俗傳過了本壽，跟我的父親正是一樣。他雖然是我的叔父，但是比我只大得兩歲，從前在家裡念書，後來進南京的學堂，也有好幾年全在一起，關係都是很好的，如今回想起來，絕無一點欺侮或什麼不愉快的事跡。他為人很聰明，但只是不用功，性喜玩耍，可是性情和易，不喜歡和人鬧彆扭，他對於我們小輩尚且如此，何況並輩以及他所視為尊長的人呢。他平常對於我的祖母和母親都非常尊敬，常說「長嫂如母」的古老話，因此對於家裡其實是我的母親做主代定的婚姻，也不敢表示反抗，終於釀成家庭的悲劇。母親也有她自己的舊的看法，她常說道，一家的主婦如不替子女早點解決婚事，那就失了主婦的資格。她替伯升訂定了松陵傅家的一頭親事，伯升見不能躲避，於壬子十一月廿四日結了婚，帶到武昌去，不久卻回來了，當初不敢抗爭，後來想要離婚，這明明是不可能的了。到了伯升死後，家裡有一個傅氏太太，當地又有一個徐氏太太，和一個小孩據說還有遺腹，撫卹費除還債餘剩只有二百五十元，四六分得，有小孩的多得了五十元，就是這樣了事了。我在這裡詳細的把這事寫出來，意思是給伯升做個供養，說明他的善良成為他的缺點，而尊長的好意乃反是禍根，想起來時是很可嘆息的。

我此次北行，彷彿是一個大轉折，過去在南京時代很有關係的椒生公和從小就是同學似的伯升，適值都在這個時期過去了，似乎在表示時間的一個段落吧。

從上海到北京

范嘯風在《越諺》捲上，占驗之諺第六載，「長江無六月」，注云：「越人皆有四方之志，不敢偷安家居，無六月者，言其通氣風涼，雖暑天亦可長徵也。」其實各處的人都不敢偷安家居，如馮夢龍在《笑府》裡講「余姚先生」的故事，說道：

「余姚師多館吳下，春初即到，臘盡方歸，本土風景反認不真，便見柳絲可愛，向主人乞一枝寄歸種之。主人曰，此賤種是處都有，貴處寧獨無耶？師曰，敝地是無葉的。」——話雖如此，長江這條路我的確有點兒怕。它要經過全國頂有名的都市，即是上海，從前是諸惡畢備，平常的人偶爾透過，便說不定要吃什麼虧的。我往來南京學堂，過去曾經走過十幾回，總算幸而沒有碰到什麼，這回從寧波到上海，卻不意著了他們一回道兒。我坐了「新寧紹」客船到上海，到埠之後卻沒有客棧接客的上去，便只好叫茶房幫忙，僱了一輛黃包車，到山西路周昌記客棧裡去。那拉車的江北人，似乎開頭便打主意，拉了一段路說要換車，我也不加警惕，就下了車，拉車的就向我身邊緊擠，這一擠便把我放在衩袋裡的一個名片鈔票夾子掏了去了。換坐的車子也不好好的走，似乎老在拐灣，又脫下袂衣，放在我腳下的皮包上頭，費了好些工夫，這才引起我的懷疑，叫他站住，他不聽命令還想前去，我就一手提了皮包，一手按住車沿，蹦了下來，這時拉車的就一溜煙的奔向一邊去了。我跳下來的地方，適值前面有巡警站崗，他聽我的陳述以後，說道：

「可惜他逃到那邊界線外去了，沒法再去找他。」似乎這是中國地方和租界分界之處，我因為不明白情形，所以也弄不清楚。從那裡又坐車到山西路，這回總算平安無事的到了。查衩袋裡的失去的名片夾子，其中有幾張名片，兩塊現洋和幾個角洋，損失還不大，但是危險的乃是那個皮包，它只是帆布所做的，上邊帶有鎖鑰，也是值逢其會，我在從輪船上下來的時候，碰巧把它鎖上了，那車伕假裝脫衣服，便動手想把它開啟，卻是沒有能夠，這裡邊卻是有好些現款，其未被掏摸去，真是僥倖萬分了。這一回我算是請教了「扒兒手」一次，大概他們的技藝並不是很高明的一種，而自己也實在是夠遲鈍的了，所以受到這一個小損失。北京竹枝詞有云：

「短袍長褂著鑲鞋，搖擺逢人便問街，扇絡不知何處去，昂頭猶自看招牌。」這雖然是說北京的考相公的事，但在碼頭上受騙的人總歸是壽頭碼子，其迂闊是一樣的。我也曾聽老輩的教訓，說「出門」的時候應該警惕的事，便是要到處提防，遇見人要當他騙賊看，要盡量的說誑話，對於自己的姓名和行蹤，也可能要加隱諱，不過聽了不能照辦，也是枉然。大約這事須得要居心刻薄，把別人都當小偷看待，才能防備得來，不是平常聽幾句指示的話，所能學得這種本領的。

從上海到北京，雖然已是通著火車，卻並不是接連著，還要分作三段乘坐。第一段是在上海北站乘車，到南京的下關，稱作滬寧鐵路，隨後渡過長江，從浦口直到天津，是為第二段的津浦鐵路，這時還要改乘第三段的京奉鐵路，乃能到達北京。到得坐上了浦口列車，這趟旅行才算是大半成功，可以放了心，其實如誤了點，在天津換不了車，也仍是有問題，不過那並不算是什麼，因為京津近在咫尺，所以覺得已經到了家門口了。從下關一渡過了長江，似乎一切的風物都變了相，頓然現出北方的相貌，這裡主觀的情緒也確實占大部分勢力，叫人增加作客之感。那列車也似比江南的要差些，但是裝置雖然稍差，坐在上面的感覺卻並不壞，原因是坐的是二等車，這車上大抵是走津浦遠道的才坐二等，近路的便都不坐，所以列車很是寬暢，我們一人不但可以占用兩個坐位，而且連對面也都占用了，夜間車上的茶房給墊上一片什麼板，成為急就的臥鋪。大概在乘客和茶房中間，成立一種心照不宣的約束，這邊在相當時期特別給予相當豐富的酒錢，那邊也就隨時供給裝置，足以供一宵的安睡了。我知道這個情形，所以雖然初次乘車，卻是無事的到了北京，於四月一日下午八時下車，逕自僱洋車到了紹興縣館裡來了。

紹興縣館一

紹興縣館當時在北京宣武門外南半截衚衕，這地方有點不大好，因為是個南北衚衕，北頭的就叫北半截衚衕，它的出口即是那有名的菜市口，——是前清時代殺人的地方，所謂刑人於市，與眾共棄之，就是古人所說的「棄市」。在那時沒有幾年前，戊戌政變時殺「六君子」，庚子義和團起事時殺那「三忠」和許多難民，都在那地方，就是西鶴年堂藥店所在的丁字街口。似乎明朝殺人還在靠北，因為我看那明末的有名屠殺案之一的剮鄭鄤案的紀載，是在西四牌樓舉行的，那裡一個牌樓標明「大市街」字樣，便說明是那遺蹟，但現在那牌坊卻早已不見了。或者在清朝早已改在菜市口，所以這裡就發生了一種神奇的傳說，說在「棄市」的那一天夜裡，那裡常出現一隻異乎尋常的大狗，來舔血吃，偶然被人看去，便一道火光，沖上天去，人們才知道它是「神獒」，不是普通的狗。我們不在三更半夜裡出門的人，輕易不會得遇見它，但是那與眾共棄的人，卻不免有碰見的可能，有如我過去在故鄉清早上「大街」去，走過軒亭口，那時路上還沒有行人，卻看見有兩個赤腳朋友，倒臥在街心，——軒亭口也是一個丁字街，與菜市口一樣，上身合蓋著一張草薦，雖然沒有揭起來看，但我知道大概是沒有頭的。還有一回是在南京，徒步走過制台衙門，在前面的馬路邊上，看見躺著一個死屍，赤膊反剪著兩手，身子頗為肥壯，穿了一條類似綢類的袴子，頭也沒有了，但是殺得很是高明，旁邊挖了一個小坑，血都聚在裡邊，沒有亂噴。我從旁邊走過，看得很是清楚，心裡納悶，不曉得是怎麼一回事，近處又無一人可以打聽，我便只能獨自推想，這大約是衙門裡的人，因為壞事發覺，趕緊請「王命」把他幹掉了，俾大事化小，這也是一種標準的官僚主義吧。這兩回的經驗都是五十年前的事了，可是至今留下一個不愉快的印象，終於不能忘記，幸而自從民國成立以來，北京殺人換了地方，不再在菜市口，改在天橋了，使得我們出入自由，夜裡固然免得遇著神獒，白天也不至於遇到什麼東西，會得引起了夢魘。

紹興縣館在名義上是紹興縣人的會館，所謂會館乃是來北京應考的人的公寓，有些在京候補的官，自己沒有公館的或者也住在那裡。這是山陰會稽兩縣的人所共有的，從前稱為「山會邑館」，自從宣統年間廢除府制，將山陰會稽合併，稱作紹興縣以後，這也就改稱為「紹興縣館」了。但是紹興人似乎有點不喜歡「紹興」這個名稱，這個原因不曾深究，但是大約總不出這幾個理由。第一是這不夠古雅，於越起自三代，會稽亦在秦漢，紹興之名則是南宋才有。第二是小康王南渡偷安，使用吉祥字面做年號，妄意改換地名，這是很可笑的事情。第三是紹興人滿天飛，《越諺》也登載「麻雀豆腐紹興人」的俗語，謂三者到處皆有，實際是到處被人厭惡，即如在北京這地方紹興人便不很吃香，因此人多不肯承認是紹興人，魯迅便是這樣，人家問他籍貫，只答說是浙江。舊紹興府屬八縣的會館，向來也稱為「越中先賢祠」，這原因自然是先賢始自范蠡（？是否待考，但裡邊沒有漢代的王充，因為李越縵說他講父親的壞話，所以把他扣除了！）那時沒有紹興府名稱呢。一總計算起來，浙江十一府的名號，紹興要算頂是寒傖的了。我之所以討厭這個名稱，其理由完全是為了那第二個，其實假如他用了「建炎」兩字做地名，那就沒有這樣可憎，因為裡邊頌聖的分子比較的少了。

從前的山會邑館裡也有一間房間，供奉著先賢牌位，這是館裡邊的正廳，名字叫做「仰蕺堂」，一望而知是標榜劉蕺山的了，因為這裡既然沒有那為李越縵所不喜歡的王仲任，連王陽明與黃太沖都不在內，這是因為他們是外縣人的關係，所以這個招牌便落下在《人譜》著者的身上了。我雖是在會館住過三年，但對於先賢是哪些人，終於沒有弄清楚，其原因固然由於對劉蕺山等人沒有什麼興趣，那仰蕺堂終年關閉，平時不好闖進去，一年有春秋兩次公祭，我也沒有參加過。公祭擇星期日舉行，在那一天魯迅總是特別早起，我們在十點鐘以前逃往琉璃廠，在幾家碑帖店聊天之後到青雲閣喫茶和點心當飯，午後慢慢回來，那公祭的人們也已散胙回府去，一切都已恢復了以前的寂靜了。

紹興縣館二

上邊寫的是關於紹興縣館的外面情形，這裡想來把會館裡面說明一下子。這雖如此，我對於裡面的事或者比較外面知道得更少，也未可知，仰蕺堂是會館裡南邊一部分，我尚且不曾走到過，何況是與我們無關的西北方面呢。去年夏天，魯迅博物館的幹部來邀我同去，一看那裡「補樹書屋」的現狀，以及所謂藤花館是在哪裡，結果是什麼都沒有看得。誠然是門庭院落依然如故，那圓洞門已經毀壞，槐樹也不見了，補樹書屋做了什麼工廠，狼藉不堪，沒有能進去，至於西北一部分，更是住民雜亂，看見有人進來了，紛紛質問，是不是「房管局」的人，來幹什麼的？我們只得乘興而來，卻是掃興而退了。不過現在所記的乃是四十多年前的紹興縣館，在記憶中還是完全無損的，有去年夏天所見現狀的對比，似乎過去一時的這影像更是著實實在，這裡來紀錄一回，或者不是多餘的吧。

會館在南半截衚衕的北頭路東，門面不大，有魏龍常所寫的一塊匾，文曰紹興縣館。他是山陰縣人，但生長在廣西桂林，他能寫魏碑，那塊匾大概也是那一體，卻是記不得了，只記署名魏龢，這是他後來的改名。他在紹興很有點名氣，說是他能打拳，後來知道這種傳說很普遍，高伯雨著《聽雨樓雜筆》中有一篇《精於技擊的詩人魏鐵珊》，就是講他的故事的。說他會「壁虎功」，即學壁虎爬牆壁，但是他卻比那師父要高一著，便是他能「以背緣壁」而行，這就是在四腳有吸盤的壁虎也敬謝不敏了。幼時聽見先君講魏龍常的一件故事，說他能縱跳如飛，做秀才的時候曾在鎮東閣上頭挾妓飲酒，鎮東閣在府橫街的西頭，與殺人的軒亭口遙遙相對，其北接近紹興府的衙門，是差役聚集的地方。這事為他們所知道，自然認為訛詐的好機會，便有幾個差人走上前去恐嚇他，意在敲竹槓。魏龍常一聲不響，只提起一個差人來，向窗外一扔，這鎮東閣至少乃是同小城門一樣的高，如一個摔到地上，一定粉身碎骨了。魏龍常卻隨即一跳，自己也縱身而下，在還未到地的時候，將差人一把抓住，以是沒有跌死，但也嚇的幾乎昏過去了。故事是這麼說，不過這裡應當有一點訂正，似乎應當說魏龍常抓住差人，和他一起從窗子上跳下，這才可能把差人嚇了而沒有摔死，因為若是先後跳窗便不能同時落地，他縱有內功，但不可能與這物理的定律爭勝的。我是一個少信的唯物論者，但是平常很不願意給人家掃興，所以講神異的傳說的時候也竭誠靜聽，所謂「姑妄言之姑聽之」是也，可是假如要收入我的文章裡去，便不得不稍稍有所訂正了，雖然上文所說的故事乃是我父親對我們講的。他本來也是無鬼論者，不過也是隨便講新奇的故事，沒有注意到不合事理的情形，而且要找漏洞那麼別的還有，魏龍常既是生長桂林，那麼這在紹興鬧事也似乎可成為問題了。為了一塊匾的事情，不料引起技擊內功的議論來，這實在是節外生枝，可以結束了事。

現在我們來說會館內部的情形吧。上邊已經說及，我所能說的只是會館裡邊的一部分，即是進門靠南的兩個院子。藤花館是在西北方面，但魯迅於丙辰（一九一六）年五月搬往「補樹書屋」了。日記裡說：

「六日晴，下午以避喧移入補樹書屋住。」這補樹書屋便在會館南邊的兩個院子的裡進。一進大門的過廳，右手的門裡就是第一進的一個大院子，北京房屋在城外的與城內構造大不相同，城裡都是「四合房」，便是小型的宮殿式，城外卻是南方式的，一個院子普通只是上下兩排，這裡就是這個樣子。在大院子的東西方面，各有房屋一排，上邊是正廳三間，南邊留一條過道，下邊大約四間，前面都有走廊，靠北一帶也有廊，為的是雨天可以不走溼路。從南邊過道進去，是為第二進的院子，路南的牆上有一個圓洞門，裡邊朝東四間房屋，在第二間中間開門，南首住房一間，北首兩間相連。院中靠北牆是一間小屋，內有土炕，是預備給用人住的，往東靠大廳背後一條狹弄堂內是北方式的便所，即是蹲坑。因為這小屋突出在前面，所以正房北頭那一間的窗門被擋住陽光，很是陰暗，魯迅住時便索性不用，將隔扇的門關斷，只使用迤南的三間。靠近圓洞門的東頭有一株大槐樹，這樹極是平常，但是說來很有因緣，據說在多少年前有一位姨太太曾經在這裡吊死了，可能就是這棵槐樹上，在那時樹已高大，婦女要上吊已經搆不著了，但在幾十年以前或者正是剛好吧。因此之故，會館便特別有這一條規定，凡住戶不得帶家眷，這使得會館裡比較整齊清淨，而對於魯迅亦不無好處，因為保留下補樹書屋，容得他搬來避喧，要不然怕是早已有人搶先住了去了。

補樹書屋的生活

補樹書屋是一個獨院，左右全沒有鄰居，只有前面是仰蕺堂，後邊是希賢閣，那裡我沒有進去看過，聽說閣上是供著魁星，差不多整個書屋包圍在鬼神窩中，原是夠偏僻冷靜的，可是住了看也並不壞，槐樹綠陰正滿一院，實在可喜，毫無吊死過人的跡象，缺點只是夏秋之交有許多的槐樹蟲，遍地亂爬，有點討厭。成蟲從樹上吐絲掛下來的時候，在空中擺盪，小孩們都稱之為「吊死鬼」，這又與那故事有點關聯了，不過它並不「吊死」，實在是下地來蛻化的，等到它鑽到土裡去，變成小胡蝶出來的時候，便並不覺得討厭了。「補樹」不知道是什麼故典，難道這有故事的槐樹原是補的麼？總之這院子與樹那麼有關係，是很有意思的一件事。在房屋裡邊有一塊匾寫這四個字，也不曉得是誰所寫的，因為當時不注意，不曾看得清楚，現在改作工場的工廠，怕早已不見了吧。

這三間補樹書屋的內部情形且來說明一下。中間照例是「風門」，對門靠牆安放一頂畫桌，外邊一頂八仙桌，是吃飯的地方，桌子都極破舊，大概原是會館裡的東西。南偏一室原是魯迅住的，我到北京的時候他讓了出來，自己移到北頭那一間裡去了。那些房屋都是舊式，窗門是和合式的，上下都是花格糊紙，沒有玻璃，到了夏季，上邊糊一塊綠色的冷布，做成卷窗。我找了一小方的玻璃，貼在自己房的右手窗格裡面，可以望得見圓洞門口的來客，魯迅的房裡卻是連冷布的窗也不做，說是不熱，因為白天反正不在屋裡。說也奇怪，補樹書屋裡的確不大熱，這大概與那槐樹很有關係，它好像是一頂綠的大日照傘，把可畏的夏日都給擋住了。這房屋相當陰暗，但是不大有蚊子，因為不記得用過什麼蚊香，也不曾買有蠅拍子，可見沒有蒼蠅進來，雖然門外面的青蟲很有點兒討厭。那麼舊的屋裡該有老鼠，卻也並不見，倒是不知道誰家的貓常來屋上騷擾，往往叫人整半夜睡不著覺。查一九一八年舊日記，裡邊便有三四處記著，「夜為貓所擾，不能安睡。」不知道魯迅在日記上有無記載，事實上在那時候大都是大怒而起，拿著一枝竹竿，我搬了小茶几，在後簷下放好，他便上去用竹竿痛打，把它們打散，但也不能長治久安，往往過了一會兒又回來了。《朝華夕拾》中間有一篇講到貓的文章，其中有些是與這有關的。

南頭的一間是我的住房兼作客室，床鋪設在西南角上，東南角窗下一頂有抽屜的長方桌，迤北放著一隻麻布套的皮箱，北邊靠板壁是書架，裡邊並不放書，上隔安放茶葉火柴雜物以及銅元，下隔堆著些新舊報紙。書架前面有一把藤的躺椅，書桌前是籐椅，床前靠壁排著兩個方凳，中間夾著狹長的茶几，這些便是招待客人的用具，主客超過四人時，可以利用床沿。平常喫茶一直不用茶壺，只在一隻上大下小的茶盅內放一點茶葉，泡上開水，也沒有蓋，請客人吃的也只是這一種。飯託會館長班代辦，菜就叫長班的兒子隨意去做，當然不會得好吃，客來的時候則到外邊去叫了來。在衚衕的口外有一家有名的飯館，就是李越縵等有些名人都賞識過的廣和居，有些拿手好菜，例如潘魚，沙鍋豆腐，三不黏等，我們大抵不叫，要的只是些炸丸子，酸辣湯，拿進來時如不說明，便要懷疑是從什麼壁腳的小飯館裡叫來的，因為那盤碗實在壞得可以，價錢也便宜，只是幾個銅元罷了。可是主客都不在乎，反正下飯這就行了，擦過了臉，又接連談他們的天，直至深夜，用人在煤球爐上預備足了開水，便也逕自睡覺去了。

我們在補樹書屋所用的聽差即是會館裡老長班的大兒子，魯迅戲稱之為「公子」，而叫長班為「老太爺」，這兩個諢名倒是適如其分，十分確切的。公子辦事之巧妙而混，我在前回的掛號寄一片《群強報》這一件事裡已經領教過了，長班的徽號則是從他的整個印象得來的，他狀貌清瘦，顯得是吸雅片煙的，但很有一種品格，彷彿是一位太史公出身的京官。他姓齊，自稱原籍紹興，這可能是真的，不過不知道已在幾代之前了，世襲傳授當長班的職務，所以對於會館的事情是非常清楚的。他在那時已經將有六十歲了，同治光緒年間的紹興京官他大概都知道，對於魯迅的祖父介孚公的事情似乎知道得更多。介孚公一時曾住在會館裡，或者其時已有不住女人的規定，他畜了妾之後就移住在會館近旁了。魯迅初來會館的時候，老長班對他講了好些老周大人的故事，家裡有兩位姨太太，怎麼的打架等等。這在長班看來，原是老爺們家裡的常事，如李越縵也有同樣情形，王止軒在日記裡寫得很熱鬧，所以隨便講講，但是魯迅聽了很不好受，以後便不再找他來談，許多他所知悉的名人軼事都失掉了，也是一件無可補償的，很可惜的事情。

北京大學

我於丁巳年四月一日晚上到了北京，在紹興縣館找好了食宿的地方，第二天中午到西單牌樓教育部的近旁益錩大菜館同魯迅吃了西餐，又回會館料理私事，三日上午叫了一輛來回的洋車，前往馬神廟北京大學，訪問蔡孑民校長，接洽公事。從南半截衚衕坐洋車到馬神廟，路著實不少，大約要走上一個鐘頭，可是走到一問，恰巧蔡校長不在校裡，我便問他家在什麼地方，這其實是問得很傻的，既然不在學校，未必會在家裡的，不過那時候胡塗的問了，答說是在遂安伯衚衕多少號。我便告訴車伕轉到那裡去，不過我的藍青官話十分蹩腳，說至再三也聽不懂，後來忽然似乎聽懂了，捏起車把來，便往西北方面走去。假如其時我知道一點北京地理，便知道這方向走的不對，因為遂安伯衚衕是在東城，那麼應該往東南方面才是，可是當時並不知道，只任憑著他拉著就是了。後來計算所走的路線是，由景山東街往北，出了地安門，再往西順著那時還有的皇城，走過金鰲玉橋，——提起這橋來，有一段故事應當說一說，民國成立後這一條走路是總算開放了，但中南海還是禁地，因為這是大總統府所在，照例不準閒人窺探，而金鰲玉橋卻介在北海與中海之間，北海不得已姑且對於人民開放了眼禁，但中南海卻斷乎不可，所以在南邊橋的上面築起一堵高牆來，隔斷了人們的視線，這牆足有一丈來高，與皇城一樣的高，我們並不想偷看禁苑的美，但在這樣高牆裡邊走著，實在覺得不愉快的很。感謝北伐成功，在一九二九年的秋天這牆才算拆除，在金鰲玉蝀橋上的行人於是可以望得見三海了。且說那天車子過了西壓橋，其時北海還沒有開放做公園，向北由龍頭井走過護國寺街，出西口到新街口大街，隨後再往西進小衚衕，說是到達地點了。我仔細一看，乃是四根柏衚衕，原來是車伕把地名聽錯了，所以拉到這地方來，這倒也罷了，而這四根柏衚衕乃是離我現在的住處不遠，只隔著一兩條街，步行不要三五分鐘可到，所以來時的這一條路即是我後來往北大去的道路，實在可以說是奇妙的巧合了。從四根柏回南半截衚衕去，只是由新街口一直往南，走過西四牌樓和西單牌樓（那些牌樓現今都已移到別處去，但名稱還是仍舊留下）出宣武門，便是菜市口了。

四月三日上午到遂安伯衚衕訪蔡校長，又沒有見到，及至回到寓裡，已經有信來，約明天上午十時來訪，遂在寓等候，見到了之後，則學校功課殊無著落，其實這也是當然的道理，因為在學期中間不能添開功課，還是來擔任點什麼預科的國文作文吧。這使我聽了大為喪氣，並不是因為教不到本科的功課，實在覺得國文非我能力所及，但說的人非常誠懇，也不好一口拒絕，只能含混的回答考慮後再說。這本是用不著什麼考慮，所以回來的路上就想定再在北京玩幾天，還是回紹興去。十日下午又往北大訪蔡校長，辭教國文的事，順便告知不久南歸，在校看見陳獨秀沈尹默，都是初次想見，竭力留我擔任國文，我卻都辭謝了。到了第二天，又接到蔡校長的信，叫我暫在北大附設的國史編纂處充任編纂之職，月薪一百二十元，那時因為袁世凱籌備帝政，需要用錢，令北京的中國交通兩銀行停止兌現，所以北京的中交票落價，一元只作五六折使用，卻也不好推辭，便即留下，在北京過初次的夏天，而這個夏天卻是極不平常的，因為在這年裡就遇見了復闢。

十二日上午又至北京大學，訪問蔡校長，答應國史編纂處的事情，說定從十六日開始，每日工作四小時，午前午後各二小時，在校午餐。這時大約因為省錢，裁撤國史館，改歸北大接辦，除聘請幾位歷史家外，另設定編纂員管理外文，一個是沈兼士，主管日本文，一個是我命收集英文數據，其實圖書館裡沒有什麼東西，這種職務也是因人而設，實在沒有什麼成績可說的。其時北京大學只有景山東街這一處，就是由四公主府所改造的，設有本科，北河沿的譯學館乃是預科，此外是漢花園的一所寄宿舍，通稱東齋，後來做文科的「紅樓」尚在修建未成，便是大學（即後來的第一院）的大門也還在改修，進出都是從西邊旁門，其後改作學生宿舍，所謂西齋的便是。但是校中並沒有我們辦事的地方，沈兼士是在西山養病，我只是一個人，結果在圖書館的堆放英文雜誌的小屋裡，收拾出地方來，放上桌椅，暫作辦公之用，一切由館員胡質庵商契衡招呼，午飯也同商君一起在庶務課品吃，所以說也奇怪，我在北大為時甚久，但相識最早的乃是庶務課的各位職員，這可以說是奇緣了。我還記得在那裡等待開飯，翻看《公言報》與《順天時報》，一面與盛伯宣諸君談論時局的情形，如今已事隔四十餘年，盛君也已早歸道山了吧。

往來的路

四月十六日以後，我便每天都往北京大學上班，地點是圖書館的單獨一室，這圖書館是有名的四公主的梳妝樓，廣闊的幾間樓房，塗飾得非常華麗，我的辦公室乃是孤獨對立的小房，樣子似乎寺廟的鐘鼓樓，不知道是什麼用的，原來也很不錯，如今被舊雜誌堆放得沒有隙地，實在有點兒氣悶。但是我在那裡卻也過了些有趣的時光，在那舊雜誌上面找到幾篇論文，後來由我翻譯了，登在《新青年》上面，這是一篇《陀思妥也夫斯奇之小說》，另一篇是《俄國革命之哲學的基礎》。胡質庵是福建人，當時是圖書館的最高的職員，但是似乎身體不大好，後來於六月底因患猩紅熱死去了。商契衡則是紹興的嵊縣人，原是魯迅在中學任教時的學生，其後在北京大學畢業，魯迅曾供給他的學費，在日記上常有紀載。

我從紹興縣館往北京大學，經常往來有東西兩條路線。其一是由菜市口往東，走騾馬市到虎坊橋北折，進五道廟經由觀音寺街，出至前門，再經南池子北池子走到北頭，便是景山東街了。其二是一直往北進宣武門，由教育部街東折經絨線衚衕和六部口，走出西長安街，再前進時是天安門廣場，過去便是南池子，以後的路和前邊一樣，但不到天安門也可向北進南長街北長街，這一條直街是和南池子並行的，北頭直通北海的三座門大街，往東去經過景山前街。這裡是故宮的後門神武門所在，宣統在退位之後還保留皇帝稱號，他便在這裡邊設立小朝廷，依舊每天上朝，不過悉由後門出入罷了，我午前往校經過此處，就常見有紅頂花翎的官員，坐了馬車進宮，也有徒步走著的，這事在復闢敗後尚未停止，這是很奇怪的一件事情。還看見有一輛驢子拉的水車，車上蓋著黃布，這乃是每天往玉泉山取水，來供給「御用」的，但是這似乎不久停止，因為清宮裡隨後也裝了自來水了。

北京的街路以前是很壞的，何況這是四十多年前的事了。交通不便，許多地方都不能通行，須要繞一個大圈子，我到北京的時候看著南北池子這條馬路，是正方開闢的。至於小衚衕的難走，是很有名的，我的住處外邊一條衚衕叫做「前公用庫」，每到秋天久雨，便泥水一灘，廢名走過這裡，遇見一個年過古稀的老太婆在太息說，這條路怎麼總是這樣的難走，便可以想見它的年代久遠了。這是到了近來的這幾年，才算改好了。因為這個緣故，街上的有些景象也改變了，譬如「潑水夫」，便已絕跡，只剩下陳師曾在《北京風俗圖》中留下的一幅畫，兩個人都穿著背有圓圖的號衣，腳下馬靴，頭戴空梁的紅纓帽，一個手握木勺，一個側著水桶，神情活現，但是現在的人已經不能了解，因為早已不曾看見過他們了。此外還有一種是掃雪的人，我於一九一九年一月十三日曾經做過一首詩，題曰「兩個掃雪的人」，是在天安門前車上所作，便錄在這裡：

「陰沉沉的天氣，
香粉一般的白雪，下的漫天遍地。
天安門外，白茫茫的馬路上，
全沒有車馬蹤跡，
只有兩個人在那裡掃雪。

一面盡掃，一面盡下，
掃淨了東邊，又下滿了西邊，
掃開了高地，又填平了坳地。
粗麻布的外套上已經積了一層雪，
他們兩人還只是掃個不歇。
雪愈下愈大了，
上下左右都是滾滾的香粉一般的白雪。
在這中間，好像白浪中漂著兩個螞蟻。
他們兩人還只是掃個不歇。
祝福你掃雪的人！
我從清早起，在雪地裡行走，不得不謝謝你。」

這種人夫在北京也已經不見，而且說起來也很奇怪，似乎近來這若干年裡，雪也的確少下，彷彿是天氣也是多少有了變化了。

復闢前後一

我來到北京，正值復闢的前夜，這是很不幸的事情，但也可以說是一件幸事，因為經歷這次事變，深深感覺中國改革之尚未成功，有思想革命之必要。當時袁世凱死了，換了一個全無能力的黎元洪當大總統，一切實權還在北洋派軍閥的手裡，而國務總理是段祺瑞，正是袁世凱的頭號夥計，因此府（總統府）院（國務院）兩方面的衝突，是無法避免的。府方的謀臣便只是掉筆頭的幾個文官，院方的黨羽卻都是帶槍的丘八，他們逐漸的結合起來，聯合所謂「督軍團」，與當時的中央政府相對立了。我在北大庶務課所看的《公言報》《順天時報》上時局訊息，便都是關於這一件事，《公言報》是他們的機關，《順天時報》則是日本人所辦的漢文報紙，一向是幸災樂禍，尤其是顛倒黑白，沒有什麼好話了。督軍團的首領是有名的兩個壞人，即是徐州的張勛和蚌埠的倪嗣沖。倪嗣沖已經夠反動的了，張勛更是不法，自己做了民國的官，卻仍以前清遺老自居，不曾剪去辮髮，不但如此，而且招用有辮子的軍隊，便是所謂「辮子兵」，駐屯山東一帶，凡旅行過那地方的人無不懷有戒心，怕被擾害。魯迅一九一三年日記六月項下，便有云：

「二十日夜，抵兗州，有垂辮之兵時來窺窗，又有四五人登車，或四顧，或無端促臥人起，有一人則提予網籃而衡之，旋去。」現今的人，沒有見過「辮子兵」的恐怕不能想像那時情景吧，因為一個人如剃去頭上四周頭髮，只留中間一塊，留長了梳成一條烏梢蛇似的大辮，拖在背上，這絕不是一種好看的形相，如果再加上凶橫的面目，手上拿著凶器，這副樣子才真夠得嚇人哩。如今聽說這位張大帥將以督軍團首領的資格，率領他的辮子兵進駐京津，這豈不是最可怕的惡訊息麼?

在當時風聲很緊，正是所謂「山雨欲來風滿樓」的時候，我卻個人先自遇到了一件災難，生了一場不小不大的病。我說不大，因為這只是一場麻疹，凡是小孩子都要出一遍的，只要不轉成肺炎，是並無什麼危險的。但這裡我又說是不小，則因我終究不是小孩了，已經是三十以上的成人，生這種病是頗有危險，因為發熱很高，頗有猩紅熱的嫌疑，但是我信憑西醫的診斷，相信這是疹子，不過何以小時候沒有出過，直到成人以後再出，則與我在四歲時候的出天花，同是不可解的事情。當時熱高的時候，的確有點兒危險，魯迅也似乎有點兒張皇了，決定請德國醫生來看，其時狄博爾是北京外國醫生最有權威的人，雖然他的診費不及義大利的儒拉大夫的貴，要十二塊錢看一趟。我現在來抄錄當年一部分的舊日記在這裡，這是從五月八日起頭的：

「八日晴，上午往北大圖書館，下午二時返。自昨晚起稍覺不適，似發熱，又為風所吹少頭痛，服規那丸四個。

九日晴風。上午不出門。」

「十一日陰風。上午服補丸五個，令瀉，熱仍未退，又吐。

十二日晴。上午往首善醫院，俄國醫生蘇達科甫出診，云是感冒。

十三日晴。下午請德國醫院醫生格林來診，云是疹子，齊壽山君來為翻譯。」

「十六日晴。下午請德國醫生狄博爾來診，仍齊君譯。」

「二十日晴。下午招匠人來理髮。

廿一日晴。下午季茀貽菜湯一器。」

「廿六日晴風。上午寫日記，自十二日起未寫，已閱二星期矣。下午以小便請醫院檢查，云無病，仍服狄博爾藥。」

「廿八日晴。上午季茀貽燉鴨一器。下午得丸善十五日寄小包，內梭羅古勃及庫普林小說集各一冊。」

「六月三日晴。午服狄博爾藥已了。」

「五日晴。上午九時出會館往大學，又訪蔡先生，下午一時返。」

以上便是生病的全部過程，日子並不算怎樣長，在二十左右便已好起來了，那天裡已可理髮，而且在第二天許季茀送一碗菜來，吃時覺得特別鮮美，因為那時候似乎遍身都蛻了一層皮，連舌頭上也蛻到了，所以特地有一種感覺，但是過了一天便又是如常的長上舌苔了。魯迅在《徬徨》裡邊有一篇題名「弟兄」的小說，是一九二五年所作，是寫這件事的，雖然也是「詩與事實」的結合，但大概卻是與事實相合，特別是結末的地方：

「他旋轉身子去，對了書桌，只見蒙著一層塵，再轉臉去看紙窗，掛著的日曆上，寫著兩個漆黑的隸書：廿七。」又說收到寄來的西書，這就與上面所記的廿八日的事情相符，不過小說裡將書名轉化為「胡麻與百合」罷了。但是小說裡說病人「眼裡發出憂疑的光，顯系他自己也覺得是不尋常了」，那大抵只是詩的描寫，因為我自己沒有這種感覺，那時並未覺得自己是恐怕要死了，這樣的事在事實上或者有過一兩回，我卻總未曾覺到，這原因是我那麼樂觀以至有點近於麻木的。在我的病好了之後，魯迅有一天說起，長到那麼大了，卻還沒有出過瘄子，覺得很是可笑，隨後又說，可是那時真把我急壞了，心裡起了一種惡念，想這回須要收養你的家小了。後來在小說《弟兄》末尾說做了一個惡夢，虐待孤兒，也是同一意思，前後相差八年了，卻還是沒有忘卻。這個理由，我始終不理解，或者需求之於佛洛伊德的學說吧。

復闢前後二

當初在紹興的時候，也曾遇見不少大事件，如辛亥革命，洪憲帝制等，但因處在偏陬，「天高皇帝遠」，對於政治事情關心不夠，所以似乎影響不很大，過後也就沒有什麼了。但是在北京情形就很不同，無論大小事情，都是在眼前演出，看得較近較真，影響也就要深遠得多，所以復闢一案雖然時間不長，實際的害處也不及帝制的大，可是給人的刺激卻大得多，這便是我在北京親身經歷的結果了。

復闢之變，是由張勛主動，但實在是暗而懦的黎元洪叫他進京的，結果是由段祺瑞利用了做他政治上的資本，這手段可以說是巧妙極了，於是黎元洪被封為武義親王，只好逃進東交民巷去，段祺瑞卻以討逆軍總司令出現，「再造共和」，成為內閣總理，只落得張勛成為「火中取栗」的猴子，也逃到荷蘭公使館裡去躲去了。不過在那黎段交惡，督軍團與議院對立，事情日益惡化的那時間，情形是夠緊張的，我還記得於六月廿六日往北京大學時，走訪蔡先生，問他對於時局的看法和意見，他只簡單的說道，只要不復闢，我總是不走的。這話的預兆雖然不大好，但是沒有料到在五天工夫裡邊，這件事卻終於實現了。

七月一日是星期日，因為是夏天，魯迅起來得相當的早，預備往琉璃廠去。給我們做事的會館長班的兒子進來說道，外邊都掛了龍旗了。這本來並不是意外的事，但聽到的時候大家感到滿身的不愉快。這感情沒法子來形容，簡單的方法只可打個比喻，前回匈牙利事情逐漸鬧大，到了聽說連「紅衣大主教」

也出現在政治舞台上了，那種感覺多少有點相近，雖然那時所聽的是屬於外國的事情。當時日記上沒有什麼記載，但是有一節云：

「晚飲酒大醉，吃醉魚乾，銘伯先生所送也。」這裡可以看出煩悶的情形。魯迅的有些教育界的朋友最初打算走避，有的想南下，有的想往天津，但是在三四天裡軍閥中間發現分裂，段祺瑞在馬廠誓師，看來復闢消滅只是時間，我們既然沒有資力逃難，所以只好在北京坐等了。

段派李長泰的一師兵漸漸逼近北京，辮子兵並不接戰，只是向城裡面退，結果是集中於外城的天壇，和內城南河沿的張勛的住宅附近一帶。從六日起城內的人開始往來避難，怕的不是巷戰的波及，實在還是怕辮子兵的搶劫罷了。會館在外城的西南，地方很是偏僻，難免覺得不安，便於七日搬到東城，我在日記上只記錄著：

「七日晴。上午有飛機擲彈於宮城。十一時同大哥移居崇文門內船板衚衕新華飯店。」同日的魯迅日記則比較詳細，文云：

「七日晴熱。上午見飛機。午齊壽山電招，同二弟移寓東城船板衚衕新華旅館，相識者甚多。」以下都是我的日記：

「九日陰。託齊君打電報至家，報平安。夜店中人警備，云聞槍聲。」

「十二日晴。晨四時半聞槍炮聲，下午二時頃止，聞天壇諸處皆下，復闢之事凡十一日半而了矣。出至八寶衚衕，擬買點心，值店閉，至崇文門大街亦然，遂返。晚同大哥至義興局吃飯，以店中居奇也。」義興局系齊壽山君家所開的店鋪，出售糧食，在東裱褙衚衕。魯迅同日日記所記頗詳，可供比較參考：

「十二日晴。晨四時半聞戰聲甚烈，午後二時許止，事平，但多謠言耳。覓食甚難，晚同王華祝，張仲蘇及二弟往義興局，覓齊壽山，得一餐。」這底下又是根據我的日記：

「十三日晴。上午同大哥往訪銘伯季茀二君，飯後至會館一轉，下午三時後回飯店，途中見中華門匾復掛上，五色旗東城已有，城外未有。晚飲酒，夜甚熱。

十四日晴。上午十時先返寓，大哥隨亦來，令齊坤往取鋪蓋來，途中五色旗已遍矣。改懸竹簾於補樹書屋門外，稍覺涼爽。」

那一天的槍炮聲很是猛烈，足足放了十小時，但很奇怪的是，死傷卻是意外的稀少，謠言傳聞說都是朝天放的，死的若干人可能是由於流彈。東安門三座門在未拆除之前，還留下一點戰跡，在它的西面有些彈痕，乃是從南河沿的張公館向著東南打過來的。燒殘的張公館首先毀去，東安門近年也已拆除，於是這復闢一役的遺蹟就什麼都已看不到了。

復闢前後三

在舊筆記稿本中，找到一篇小文章，題曰「丁巳舊詩」，是關於那時的事情的，現在便抄錄在這裡：

「偶然整理二十年前故紙，於堆中得一紙片，寫七言絕句二首云：

天壇未灑孤臣血，地窖難招帝子魂，一覺蒼黃中夜夢，又聞蛙蛤吠前門。（其一。）

落花時節無多日，遙望南天有淚痕，槐蘼未成秋葉老，閒繙土偶坐黃昏。（其二。）末署曰，六年七月二十一日。以詩意與時日考之，可知是為張勛復闢戰後之作。查舊日記，七月二十一日項下只記云，陰，上午雨，終日未霽。但十八日云，得丸善書店五日所寄勞苐爾著《支那土偶考》第一分一冊。詩中所即系是書，齋中雖有若干六朝土偶，但塊然一物，不能繙也。張勛率辮子兵駐於天壇，戰敗乃隻身逃入東交民巷，前門為商會所在地，本事惜不復能詳，大抵當時多有奇論怪話，第二首雲南天何事，今亦已不復記憶矣。其時寓居南半截衚衕舊邑館，院中有大槐樹，相傳昔有鄉人攜眷居此，其妾縊死此樹下，後遂定例館內不得住女眷云。每至夏日，槐蠶滿地，穴土作蘼，故詩語及之。菖蒲樓人謝甲攜妾來避難，館中人共哄，在院外爭執，力竭聲嘶，甘乙出而調停，許留一宿，其事始解。乙為內務部司官，為魯迅之三味書屋同學，常督其幼子讀《古文觀止》，朝夕出入，遙聞其哀吟聲，為之惻然，自己雖曾在書房讀過舊書，殊不知古文之聲，其悲切乃如斯也。因槐蘼而想起當年的邑館，牽連書之，事雖瑣碎，亦殊可記，廿餘年前往事多如輕塵過目，無復留影，偶得一二事，亦正是劫灰之餘，致可珍重者也。」

關於謝甲的事，魯迅日記上一點都沒有記載，在我的日記裡卻記的頗為詳細。其文云：

「六日晴。下午客來談。傍晚悶熱。菖蒲樓謝某攜妾來避難，住希賢閣下，同館群起難之，終不肯去，終乃由甘潤生調停，許其暫住一晚。閒談，至一時半始睡。」那時我們覺得會館地僻，不甚安全，想要避往東城，同時也有人想來會館避難，可見各人看法不同，正如魯迅在《懷舊》中所說的那樣子，「逃難者中多何墟人，來奔蕪市，而蕪市居民則爭走何墟。」北京市商會一向多有「懷古」之情，特別對於滿清更是留戀，大約因為久居輦轂之下的原故，所以養成了這一種根性，這時大概又發什麼議論，替清室有辯解的話。不過這也是沒有什麼值得驚奇的事，「討逆軍」既然勝利，總司令便可仍舊做他的內閣總理，那個替他取火中栗子的猴子燙了一下子，也就逃掉了，可以不必追究，這復闢一案就此雲消雨散，商會的給清室呼冤，不免多此一舉，所以等於一陣的田雞叫而已。

上邊日記裡屢次提到國旗的事，說中華門匾額又復掛上，並懸五色旗，次日又說，途中五色旗已遍，這與前面七月一日的「龍旗」對比起來，情形便顯然不同了。其實黃龍旗的式樣並不難看，從前在《龍是什麼》這篇文章的第十一節結論裡說：

「但是最明顯的是在藝術上，它的生命更是長久，圖畫和壁畫的水墨龍，古寺院柱上的蟠龍，北京北海的九龍壁，都永久有人賞鑒，龍袍與龍頭枴杖沒有人使用了，但這刺繡與雕刻還是一樣的有價值，至於一般工藝上裝飾施用龍頭，也是很好看的。龍頭並沒有什麼意義，難在經過人民意匠的陶鎔，把怪異與美和合在一處，比單獨一個牛馬或駱駝的頭更好看，這是很難得的事。將來龍在俗信上的勢力和在文藝上的影響會得逐漸稀薄下去，但在藝術上保留著它的痕跡，此在四靈之中最為幸運，誰也比它不上的了。」不過在感情上那又是另一問題，當時因為這是代表滿清的勢力的，所以看了發生一種憎惡，後來看見臨時粗製的龍旗，畫的龍有些簡直像一條死鰻，心裡很是快痛，及至五色旗重又掛上，自然是驚喜之餘，情見乎辭了。可是後來這五色旗變成了北洋軍閥的旗幟，便又覺得不順眼，當時有些「醒獅」派的國家主義者發起護旗運動，覺得很是無聊，曾經寫些文章挖苦他們過。後來「北伐軍」進北京，故友馬隅卿首先在孔德學院揭起「青天白日」旗來歡迎，可是一轉瞬間人民的感情又生了轉變，於是那面青白旗難免走上第三個龍旗的舊路去了。

復闢的事既然了結，北京表面上安靜如常，一切都恢復原狀，北京大學也照常的辦下去，到天津去避難的蔡校長也就回來了，因為七月三十一日的日記上載著至大學訪蔡先生的事情。九月四日記著得大學聘書，這張聘書卻經歷了四十七年的歲月，至今存在，這是很難得的事情，上面寫著「敬聘某某先生為文科教授，兼國史編纂處纂輯員」，月薪記得是教授初級為二百四十元，隨後可以加到二百八十元為止。到第二年（一九一八）四月卻改變章程，由大學評議會議決「教員延聘施行細則」，規定聘書計分兩種，第一年初聘系試用性質，有效期間為一學年，至第二年六月致送續聘書，這才長期有效。施行細則關於「續聘書」有這幾項的說明：

「六，每年六月一日至六月十五日為更換初聘書之期，其續聘書之程式如左，敬續聘某某先生為某科教授，此訂。

七，教授若至六月十六日尚未接到本校續聘書，即作為解約。

八，續聘書止送一次，不定期限。」這樣的辦法其實是很好的，對於教員很是尊重，也很客氣，在蔡氏「教授治校」的原則下也正合理，實行了多年沒有什麼流弊。但是物極必返，到了北伐成功，北京大學由蔣夢麟當校長，胡適之當文科學長的時代，這卻又有了變更，即自民國十八年（一九二九）以後仍改為每年發聘書，如到了學年末不曾收到新的聘書，那就算是解了聘了。在學校方面生怕如照從前的辦法，有不合適的教授拿著無限期的聘書，學校要解約時硬不肯走，所以改用了這個方法，比較可以運用自如了吧。其實也不盡然，這原在人不在辦法，和平的人就是拿著無限期聘書，也會不則一聲的走了，激烈的雖是期限已滿，也還要爭執，不肯罷休的。許之衡便是前者的實例，林損（公鐸）則屬於後者，他在被辭退之後，大寫其抗議的文章，在《世界日報》上發表的致胡博士的信中，有「遺我一矢」之語，但是胡博士並不回答，所以這事也就不久平息了。

蔡孑民在民國元年（一九一二）南京臨時政府任教育總長的時候，首先即停止祭孔，其次是北京大學廢去經科，正式定名為文科，這兩件事在中國的影響極大，是絕不可猜想得太低的。中國的封建舊勢力倚靠孔子聖道的空名，橫行了多少年，現在一股腦兒的推倒在地上，便失了威信，雖然它幾次想捲土重來，但這有如廢帝的復闢，卻終於不能成功了。蔡孑民雖是科舉出身，但他能夠毅然決然衝破這重樊籬，不可不說是難能可貴。後來北大舊人仿「柏梁台」做聯句，分詠新舊人物，其說蔡孑民的一句是，「毀孔子廟罷其祀」，可說是能得要領，其餘詠陳獨秀胡適之諸人的惜已忘記，只記得有一句是說黃侃（季剛）的，卻還記得，這是「八部書外皆狗屁」，也是適如其分。黃季剛是章太炎門下的大弟子，平日專攻擊弄新文學的人們，所服膺的是八部古書，即是《毛詩》，《左傳》，《周禮》，《說文解字》，《廣韻》，《史記》，《漢書》，《文選》是也。蔡孑民的辦大學，主張學術平等，設立英法德俄日各國文學系，俾得多了解各國文化，他又主張男女平等，大學開放，使女生得以入學。他的思想辦法有人戲稱之為古今中外派，或以為近於折衷，實則無寧說是相容並包，可知其並非是偏激一流，我故以為是真正儒家，其與前人不同者，只是收容近世的西歐學問，使儒家本有的常識更益增強，持此以判斷事物，以合理為止，所以即可目為唯理主義。《蔡孑民先生言行錄》二冊，輯成於民國八九年頃，去今已有四十年，但仍為最好的結集，如或肯去虛心一讀，當信吾言不謬。舊業師壽洙鄰先生是教我讀四書的先生，近得見其評語題在《言行錄》面上者，計有兩則云：

> 「孑民學問道德之純粹高深，和平中正，而世多訾嗷，誠如莊子所謂純純常常，乃比於狂者矣。
>
> 孑民道德學問，集古今中外之大成，而實踐之，加以不擇壤流，不恥下問之大度，可謂偉大矣。」

壽先生平常不大稱讚人，唯獨對於蔡孑民不惜予以極度的讚美，這也並非偶然的，蓋因蔡孑民素主張無政府共產，紹興人士造作種種謠言，加以譭謗，乃事實證明卻正相反，這有如蔡孑民自己所說，「唯男女之間一毫不苟者，夫然後可以言廢婚姻」。其古今中外派的學說看似可笑，但在那時代與境地卻大大的發揮了它的作用，因為這種寬容的態度，正與統一思想相反，可以容得新思想長成發達起來。

蔡子民二

講到蔡子民的事，非把林蔡鬥爭來敘說一番不可，而這事又是與復闢很有關係的。復闢這出把戲，前後不到兩個星期便收場了，但是它卻留下很大的影響，在以後的政治和文化的方面，都是關係極大。在政治上是段祺瑞以推倒復闢的功勞，再做內閣總理，造成皖系的局面，與直係爭權利演成直皖戰爭，接下去便是直奉戰爭，結果是張作霖進北京來做大元帥，直到北伐成功，北洋派整個坍台，這才告一結束。在段內閣當權時代，興起了那有名的五四運動，這本來是學生的愛國的一種政治表現，但因為影響於文化方面者極為深遠，所以或又稱以後的作新文化運動。這名稱是頗為確實的，因為以後蓬蓬勃勃起來的文化上諸種運動，幾乎無一不是受了復闢事件的刺激而發生而興旺的。即如《新青年》吧，它本來就有，叫做「青年雜誌」，也是普通的刊物罷了，雖是由陳獨秀編輯，看不出什麼特色來，後來有胡適之自美國寄稿，說到改革文體，美其名曰「文學革命」，可是說也可笑，自己所寫的文章都還沒有用白話文。第三卷裡陳獨秀答胡適書中，儘管很強硬的說：

「獨至改良中國文學當以白話為文學正宗之說，其是非甚明，必不容反對者有討論之餘地，必以吾輩所主張者為絕對之是，而不容他人之匡正也。」可是說是這麼說，做卻還是做的古文，和反對者一般。（上邊的這一節話，是抄錄黎錦熙在《國語週刊》創刊號所說的。）我初來北京，魯迅曾以《新青年》數冊見示，並且述許季茀的話道，「這裡邊頗有些謬論，可以一駁。」大概許君是用了民報社時代的眼光去看它，所以這麼說的吧，但是我看了卻覺得沒有什麼謬，雖然也並不怎麼對，我那時也是寫古文的，增訂本《域外小說集》所收梭羅古勃的寓言數篇，便都是復闢前後這一個時期所翻譯的。經過那一次事件的刺激，和以後的種種考慮，這才翻然改變過來，覺得中國很有「思想革命」之必要，光只是「文學革命」實在不夠，雖然表現的文字改革自然是聯帶的應當做到的事，不過不是主要的目的罷了。所以我所寫的第一篇白話文乃是《古詩今譯》，內容是古希臘諦阿克列多思的牧歌第十，在九月十八日譯成，十一月十四日又加添了一篇題記，送給《新青年》去，在第四卷中登出的。題記原文如下：

「一，諦阿克列多思（Theokritos）牧歌是希臘二千年前的古詩，今卻用口語來譯它，因為我覺得它好，又相信中國只有口語可以譯它。

什法師說，譯書如嚼飯哺人，原是不錯。真要譯得好，只有不譯。若譯它時，總有兩件缺點，但我說，這卻正是翻譯的要素。一，不及原本，因為已經譯成中國語。如果還同原文一樣好，除非請諦阿克列多思學了中國文自己來做。二，不像漢文——有聲調好讀的文章——，因為原是外國著作。如果用漢文一般樣式，那就是我隨意亂改的胡塗文，算不了真翻譯。

二，口語作詩不能用五七言，也不必定要押韻，只要照呼吸的長短作句便好。現在所譯的歌就用此法，且試試看，這就是我所謂新體詩。

三，外國字有兩不譯，一人名地名，（原來著者姓名系用羅馬字拼，今改用譯音了）二特別名詞，以及沒有確當譯語，或容易誤會的，都用原語，但以羅馬字作標準。

四，以上都是此刻的見解，倘若日後想出更好的方法，或有人別有高見的時候，便自然從更好的走。」

這篇譯詩與題記都經過魯迅的修改，題記中第一節的第二段由他添改了兩句，即是「如果」云云，口氣非常的強而有力，其實我在那裡邊所說，和我早年的文章一樣，本來也頗少婉曲的風致，但是這樣一改便顯得更是突出了。其次是魯迅個人，從前那麼隱默，現在卻動手寫起小說來，他明說是由於「金心異」（錢玄同的諢名）的勸駕，這也是復闢以後的事情。錢君從八月起，開始到會館來訪問，大抵是午後四時來，吃過晚飯，談到十一二點鐘回師大寄宿舍去。查舊日記八月中的九日，十七日，廿七日來了三回，九月以後每月只來過一回。魯迅文章中所記談話，便是問抄碑有什麼用，是什麼意思，以及末了說，「我想你可以做一點文章，」這大概是在頭兩回所說的。「幾個人既然起來，你不能說決沒有毀滅這鐵屋的希望」，這個結論承魯迅接受了，結果是那篇《狂人日記》，在《新青年》次年五月號發表，它的創作時期當在那年初春了。如眾所周知，這篇《狂人日記》不但是篇白話文，而且是攻擊吃人的禮教的第一炮，這便是魯迅錢玄同所關心的思想革命問題，其重要超過於文學革命了。

蔡子民三

如今說到了林蔡鬥爭的問題，不由得我在這裡不作一次「文抄公」了，但在抄襲之先，還須得讓我來說明幾句。北洋派的爭鬥，如果只是幾個軍閥的爭權奪利，那就是所謂狗咬狗的把戲，還沒有多大的害處，假如這裡邊夾雜著一兩個文人，便容易牽涉到文化教育上來，事情就不是那麼的簡單了。段祺瑞派下有一個徐樹錚，是他手下頂得力的人，不幸又是能寫幾句文章，自居於桐城派的人，他辦著一個成達中學，拉攏好些文人學士，其中有一個自稱清室舉人的林紓，以保衛聖道自居，想借了這武力，給北大以打擊，又聯絡校內的人做內線，於是便興風作浪起來了。最初他在上海《新申報》上發表《蠡叟叢談》，是《諧鐸》一流的短篇，以小說的形式，對於在北大的《新青年》的人物加以辱罵與攻擊，記得頭一篇名叫「荊生」，說有田必美，狄莫與金心異——影射陳獨秀，胡適與錢玄同的姓名——三個人，放言高論，詆毀前賢，被荊生聽見了，把這班人痛加毆打，這所謂荊生乃是暗指徐樹錚。用意既極為惡劣，文詞亦多草率不通，如說金心異「畏死如蝟」，畏死並不是刺蝟的特性，想見寫的時候是氣憤極了，所以這樣的亂塗。隨後還有一篇《妖夢》，說夢見這班非聖無法的人都給一個怪物拿去吃了，裡邊有一個名元緒公，即是說的蔡子民，因為《論語》注有「蔡大龜也」的話，所以比他為烏龜，這元緒公尤其是刻薄的罵人話。蔡子民答覆法科學生張厚載的信裡說得好：

「得書知林琴南君攻擊本校教員之小說，均由兄轉寄《新申報》。在兄與林君有師生之誼，宜愛護林君，兄為本校學生，宜愛護母校。林君作此等小說，意在毀壞本校名譽，兄徇林君之意而發布之，於兄愛護母校之心，安乎否乎？僕生平不喜作謾罵語輕薄語，以為受者無傷，而施者實為失德。林君詈僕，僕將哀矜之不暇，而又何憾焉。唯兄反諸愛護本師之心，安乎否乎？往者不可追，望此後注意。」

林琴南的小說並不只是謾罵，還包含著惡意的恐嚇，想假借外來的力量，摧毀異己的思想，而且文人筆下輒含殺機，動不動便云宜正兩觀之誅，或曰寢皮食肉，這些小說也不是例外，前面說作者失德，實在是客氣話，失之於過輕了。雖然這只是推測的話，但是不久漸見諸事實，即是報章上正式的發表干涉，成為林蔡鬥爭的公案，幸而軍閥還比較文人高明，他們忙於自己的政治的爭奪，不想就來干涉文化，所以幸得苟安無事，而這場風波終於成為一場筆墨官司而完結了。我因為要抄錄這場鬥爭的文章，先來說明幾句，卻是寫得長了，姑且作為一段，待再從頭從《公言報》的記事說起吧。

《公言報》是段派的一種報紙，不知道是誰主筆，有人說是後來給張宗昌所槍斃的林白水，它的論調是一向對於北大沒有好意，可以說是有點與日本人所辦的《順天時報》同一鼻孔出氣的。其時為民國八年（一九一九）三月十八日，在報上登出長篇的記事，題曰「請看北京學界思潮變遷之近狀」，其全文如下：

「北京大學之新舊學派北京近日教育雖不甚發達，而大學教師各人所鼓吹之各式學說，則五花八門，頗有足紀者。國立北京大學自蔡孑民任校長後，氣象為之一變，尤以文科為甚。文科學長陳獨秀氏以新派首領自居，平昔主張新文學甚力，教員中與陳氏沆瀣一氣者，有胡適錢玄同劉半農沈尹默等，學生聞風興起，服膺師說，張大其辭者，亦不乏人。其主張以為文學須順應世界思潮之趨勢，若吾中國歷代相傳者，乃為雕琢的阿諛的貴族文學，陳腐的鋪張的古典文學，迂晦的艱澀的山林文學，應根本推翻，代以平民的抒情的國民文學，新鮮的立誠的寫實文學，明瞭的通俗的社會文學，此文學革命之主旨也。自胡適氏主講文科哲學門後，旗鼓大張，新文學之思潮亦澎湃而不可遏，既前後抒其議論於《新青年》雜誌，而於其所教授之哲學講義，亦且改用白話文體裁。近又由其同派之學生，組織一種雜誌曰『新潮』者，以張皇其學說。

兩種雜誌之對抗《新潮》之外，更有《每週評論》之印刷物發行，其思想議論之所及，不僅反對舊派文學，冀收摧殘廓清之功，即於社會所傳留之思想，亦直接間接發見其不適合之點，而加以抨擊，蓋以人類社會之組織，與文學本有密切之關係，人類之思想更為文學實質之所存，既反對舊文學，自不能不反對舊思想也。顧同時與之對峙者，有舊文學一派。舊派中以劉師培氏為之首，其他如黃侃馬敘倫等，則與劉氏結合，互為聲援者也，加以國史館之耆老先生，如屠敬山張相文之流，亦復深表同情於劉黃。劉黃之學以研究音韻《說文》訓詁為一切學問之根，以綜博考據講究古代制度，接跡漢代經史之軌，文章則重視八代而輕唐宋，目介甫子瞻為淺陋寡學，其於清代所謂桐城派之古文則深致不滿，謂彼輩學無所根，而徒斤斤於聲調，更藉文以載道之說，假義理為文章之面具，殊不值通人一笑。從前大學講壇為桐城派古文家所占領者，迄入民國，章太炎學派代之以興，在姚叔節林琴南輩，目擊劉黃諸後生之皋比坐擁，已不免有文藝衰微之感，然若視新文學派之所主張，當更認為怪誕不經，以為其禍之及於人群，直無異於洪水猛獸，轉顧太炎新派，反若塗軌之猶能接近矣。頃者劉黃諸氏以陳胡等與學生結合，有種種印刷物發行也，乃亦組織一種雜誌曰『國故』，組織之名義出於學生，而主筆政之健將教員實居其多數，蓋學生中固亦分新舊兩派，而各主其師說者也。二派雜誌旗鼓相當，互相爭辨，當然有裨於文化，第不免忘其辯論之範圍，純任意氣，各以惡聲相報復耳。

第三者之調停派學說至於介乎二派者，則有海鹽朱希祖氏，朱亦太炎之高足弟子也，邃於國學，且明於世界文學進化之途徑，故於舊文學之外兼冀組織新文學，唯彼之所謂新者，非脫卻舊之範圍，蓋其手段不在於破壞而在於改良，以記者之愚，似覺朱氏之主張較為適當也。

三者以外之學者議論日前喧傳教育部有訓令達大學，令其將陳錢胡三氏辭退，但經記者之詳細調查，則知尚無其事，唯陳胡等對於新文學之提倡，不第舊文學一筆抹殺，而且絕對的菲棄舊道德，毀斥倫常，詆排孔孟，並且有主張廢國語而以法蘭西文字為國語之議，其鹵莽滅裂，實亦太過。頃林琴南氏有致蔡孑民一書，洋洋千言，於學界前途深致悲憫，茲將原書刊布於下，讀者可以知近日學風變遷之劇烈矣。」

林蔡鬥爭檔案二

林琴南致蔡子民書云：「鶴卿先生太史足下，與公別十餘年，壬子一把晤，匆匆八年，未通音問，至為歉仄。辱賜書以遺民劉應秋先生遺著屬為題辭，書未梓行，無從拜讀，能否乞趙君作一短簡事略見示，謹撰跋尾歸之。嗚呼，明室敦氣節，故亡國時殉烈者眾，而夏峰黎洲亭林楊園二曲諸老，均脫身斧鉞，其不死幸也。我公崇尚新學，乃亦垂念逋播之臣，足見名教之孤懸，不絕如縷，實望我公為之保全而護惜之，至慰至慰。雖然，尤有望於公者，大學為全國師表，五常之所繫屬，近者外間謠諑紛集，我公必有所聞，即弟亦不無疑信，或且有惡乎闒茸之徒，因生過激之論，不知救世之道，必度人所能行，補偏之言，必使人以可信，若盡反常軌，侈為不經之談，則毒粥既陳，旁有爛腸之鼠，明燎宵舉，下有聚死之蟲，何者趨甘就熱，不中其度，則未有不斃者。方今人心喪敝，已在無可救挽之時，更侈奇創之談，用以嘩眾，少年多半失學，利其便己，未有不糜沸麋至而附和之者，而中國之命如屬絲矣。晚清之末造，慨世者恆曰去科舉，停資格，廢八股，斬豚尾，復天足，逐滿人，撲專制，整軍備，則中國必強，今百凡皆遂矣，強又安在？於是更進一層，必覆孔孟，鏟倫常為快，嗚呼，因童子之羸困，不求良醫，乃追責其二親之有隱瘵，逐之，而童子可以日就肥澤，有是理耶。外國不知孔孟，然崇仁仗義矢信尚智守禮，五常之道，未嘗悖也，而又濟之以勇。弟不解西文，積十九年之筆述，成譯著一百二十三種，都一千二百萬言，實未見中有違忤五常之語，何時賢乃有此叛親蔑倫之論，此其得諸西人乎，抑別有所授耶。我公心右漢族，當在杭州時間關避禍，與夫人同茹辛苦，宗旨不變，勇士也。方公行時，弟與陳叔通惋惜公行，未及一送，申伍異趣，各衷其是。蓋今公為民國宣力，弟仍清室舉人，交情固在，不能視若冰炭，故辱公寓書，殷殷於劉先生之序跋，實隱示明清標季各有遺民，其志均不可奪也。弟年垂七十，富貴功名，前三十年視若棄灰，今篤老尚抱守殘缺，至死不易其操。前年梁任公倡班馬革命之說，弟聞之失笑，任公非劣，何為作此媚世之言，馬班之書讀者幾人，殆不革而自革，何勞任公費此神力。若云死文字有礙生學術，則科學不用古文，古文亦無礙科學。英之迭更累斥希臘拉丁羅馬之文字為死物，而至今仍存者，迭更雖躬負盛名，固不能用私心以蔑古，矧吾國人尚有何人如迭更者耶。須知天下之理，不能就便而奪常，亦不能取快而滋弊，使伯夷叔齊生於今日，則萬無濟變之方，孔子為聖之時，時乎井田封建，則孔子必能使井田封建一無流弊，時乎潛艇飛機，則孔子必能使潛艇飛機不妄殺人，所以名為時中之聖，時者與時不悖也。衛靈問陣，孔子行，陳恆弒君，孔子討，用兵與不用兵，亦正決之以時耳。今必曰天下之弱弱於孔子，然則天下之強宜莫強於威廉，以柏林一隅，抵抗全球皆敗衄無措，直可為萬世英雄之祖，且其文治武功，科學商務，下及工藝，無一不冠歐洲，胡為懨懨為荷蘭之寓公。若云成敗不可以論英雄，則又何能以積弱歸罪孔子。彼莊周之書，最擯孔子者也，然《人間世》一篇盛推孔子，所謂人間世者，不能離人而立之謂，其託顏回，託葉公子高之問難孔子，陳以接人處眾之道，則莊周亦未嘗不近人情而忤孔子，乃世士不能博辯，為千載以上之莊周，竟咆勃為千載以下之桓魋，一何其可笑也。且天下唯有真學術，真道德，始足獨樹一幟，使人景從，若盡廢古書，行用土語為文字，則都下引車賣漿之徒，所操之語，按之皆有文法，不類閩廣人無為文法之啁啾，據此則凡京津之稗販，均可用為教授矣。若《水滸》《紅樓》皆白話之聖，並足為教科之書，不知《水滸》中辭吻多采岳珂之《金陀萃編》，《紅樓》亦不止為一人手筆，作者均博極群書之人，總之非讀破萬卷，不能為古文，亦並不能為白話。若化古子之言為白話演說，亦未嘗不是，按《說文》演長流也，亦有延之廣之之義，法當以短演長，不能以古子之長演為白話之短。且使人讀古子者，須讀其原書耶，抑憑講師之語即算為古子，若讀原書則又不能全廢古文矣。矧於古子之外，尚以《說文》講授，《說文》之學非俗書也，當參以古籀，證以鐘鼎之文，試思用籀篆可化為白話耶。果以篆籀之文雜之白話之中，是引漢唐之環燕與村婦談心，陳商周之俎豆為野老聚飲，類乎不類。弟閩人也，南蠻舌，亦願習中原之語言，脫授我者以中原之語言，仍令我為舌之閩語，可乎。蓋存國粹而授《說文》，可也，以《說文》為客以白話為主，不可也。乃近來尤有所謂新道德者，斥父母為自感情慾，於己無恩，此語曾一見之隨園文中，僕方以為不倫，斥袁枚為狂謬，不圖竟有用為講學者，人頭畜鳴，辯不屑辯，置之可也。彼又云，武曌為聖王，卓文君為名媛，此亦拾李卓吾之餘唾，卓吾有禽獸行，故發是言，李穆堂又拾其餘唾，尊嚴嵩為忠臣，今試問二李之名，學生能舉之否。同為澌滅，何苦增茲口舌，可悲也。大凡為士林表率，須圓通廣大，據中而立，方能率由無弊，若憑位分勢利而施趨怪走奇之教育，則唯穆罕默德左執刀而右傳教，始可如其願望。今全國父老以子弟託公，願公留意，以守常為是，況天下溺矣，藩鎮之禍邇在眉睫，而又成為南北美之爭，我公為南士所推，宜痛哭流涕，助成和局，使民生有所蘇息，乃以清風亮節之躬，而使議者紛集，甚為我公惜之。此書上後可以不必示覆，唯靜盼好音，為國民端其趨向，故人老悖，甚有幸焉。愚直之言，萬死萬死。林紓頓首。」

林琴南的信原本只是每句圈斷，這回重抄，很想給它斷句分節，但是這個極不容易，因為文章頭緒不清，找不到主意之所在，所以只好勉強斷句，其餘便是那麼囫圇一大團罷了。

蔡孑民答林琴南書云：「琴南先生左右，於本月十八日《公言報》中得讀惠書，索劉應秋先生事略，憶第一次奉函時，曾抄奉趙君原函，恐未達覽，特再抄一通奉上，如荷題詞，甚幸。

公書語長心重，深以外間謠諑紛集為北京大學惜，甚感。唯謠諑必非實錄，公愛大學，為之辨正可也。今據此紛集之謠諑而加以責備，將使耳食之徒，益信謠諑為實錄，豈公愛大學之本意乎？原公之所責備者不外兩點，一曰，覆孔孟，鏟倫常，二曰，盡廢古書，行用土語為文字。請分別論之。

對於第一點，當先為兩種考察。甲，北京大學教員曾有以覆孔孟鏟倫常教授學生者乎？乙，北京大學教授曾有於學校以外，發表其覆孔孟鏟倫常之言論者乎？

請先察覆孔孟之說。大學講義涉及孔孟者，唯哲學門中之中國哲學史，已出版者為胡適之君之中國上古哲學史大綱，請詳閱一過，果有覆孔孟之說乎？特別講演之出版者有崔懷瑾君之《論語足徵記》《春秋復始》。哲學研究會中有梁漱溟君提出『孔子與孟子異同』問題，與胡默青君提出『孔子倫理學之研究』問題。尊孔者多矣，寧曰覆孔？

若大學教員於學校以外，自由發表意見，與學校無涉，本可置之不論，當姑進一步而考察之，則唯《新青年》雜誌中，偶有對於孔子學說之批評，然亦對於孔教會等託孔子學說以攻擊新學說者而發，初非直接與孔子為敵也。公不云乎？『時乎井田封建，則孔子必能使井田封建一無流弊，時乎潛艇飛機，則孔子必能使潛艇飛機，不妄殺人。衛靈問陣，孔子行，陳恆弒君，孔子討。用兵與不用兵，亦正決之以時耳。』使在今日，有拘泥孔子之說，必復地方為封建，必以兵車易潛艇飛機，聞俄人之死其皇，德人之逐其皇，而曰必討之，豈非昧於時之義，為孔子之罪人，而吾輩所當排斥者耶？

次察鏟倫常之說。常有五，仁義禮智信，公既言之矣。倫亦有五，君臣父子兄弟夫婦朋友，其中君臣一倫不適於民國，可不論。其他父子有親，兄弟相友，（或曰長幼有序）夫婦有別，朋友有信，在中學以下修身教科書中詳哉言之。大學之倫理學涉此者不多，然從未有以父子相夷，兄弟相鬩，夫婦無別，朋友不信，教授學生者。大學尚無女學生，則所注意者自偏於男子之節操。近年於教科以外，組織一進德會，其中基本戒約，有不嫖不娶妾兩條。不嫖之戒，絕不背於古代之倫理，不娶妾一條則且視孔孟之說之尤嚴矣。至於五常，則倫理學中之言仁愛，言自由，言秩序，戒欺詐，而一切科學皆為增進知識之需，寧有鏟之之理歟？

若大學教員既於學校之外，發表其鏟倫常之主義乎，則試問有誰何教員，曾於何書何雜誌，為父子相夷，兄弟相鬩，夫婦無別，朋友不信之主張者？曾於何書何雜誌，為不仁不義不智不信及無禮之主張者？公所舉斥父為自感情慾，於己無恩，謂隨園文中有之。弟則憶《後漢書》孔融傳，路粹枉狀奏融有曰：『前與白衣禰衡跌蕩放言，云父之於子，當有何親，論其本意，實為情慾發耳，子之於母亦復奚為，譬如寄物瓶中，出則離矣。』孔融禰衡並不以是損其聲價，而路粹則何如者。公能指出誰何教員，曾於何書何雜誌，述路粹或隨園之語，而表其極端贊成之意者？且弟亦從不聞有誰何教員，崇拜李贄其人而願拾其唾餘者，所謂武曌為聖王，卓文君為賢媛，何人曾述斯語，以號於眾，公能證明之歟？

對於第二點，當先為三種考察。甲，北京大學是否已盡廢古文而專用白話？乙，白話果是否能達古書之義？丙，大學少數教員所提倡之白話的文字，是否與引車賣漿者所操之語相等？

請先察北京大學是否已盡廢古文而專用白話。大學預科中有國文一課，所據為課本者，曰模範文，曰學術文，皆古文也。其每月中練習之文，皆文言也。本科中國文學史，西洋文學史，中國古代文學，中古文學，近世文學，又本科預科皆有文字學，其編成講義而付印者，皆文言也。於《北京大學月刊》中，亦多文言之作。所可指為白話體者，唯胡適之君之中國古代哲學史大綱，而其中所引古書，多屬原文，非皆白話也。

次考察白話是否能達古書之義。大學教員所編之講義固皆文言矣，而上講壇後絕不能以背誦講義塞責，必有賴於白話之講演，豈講演之語必皆編為文言而後可歟？吾輩少時讀《四書集註》《十三經註疏》，使塾師不以白話講演之，而編為類似集註類似註疏之文言以相授，吾輩豈能解乎？若謂白話不足以講《說文》，講古籀，講鐘鼎之文，則豈於講壇上當背誦徐氏《說文解字系傳》，郭氏《汗簡》，《薛氏鐘鼎款識》之文，或編為類此之文言而後可，必不容以白話講演之歟？

又次考察大學少數教員所提倡白話的文字，是否與引車賣漿者所操之語相等。白話與文言形式不同而已，內容一也。《天演論》，《法意》，《原富》等，原文皆白話也，而嚴幼陵君譯為文言。小仲馬，迭更司，哈葛德等所著小說，皆白話也，而公譯為文言。公能謂公及嚴君之所譯，高出於原本乎？若內容淺薄，則學校報考時之試卷，普通日刊之論說，盡有不值一讀者，能勝於白話乎？且不特引車賣漿之徒而已，清代目不識丁之宗室，其能說漂亮之京話，與《紅樓夢》中寶玉黛玉相埒，其言果有價值歟？熟讀《水滸》《紅樓夢》之小說家，能於《續水滸傳》《紅樓復夢》等書以外，為科學哲學之講演歟？公謂『《水滸》《紅樓》作者均博極群書之人，總之非讀破萬卷，不能為古文，亦並不能為白話』。誠然，誠然。北京大學教員中善作白話文者，為胡適之，錢玄同，周啟孟諸公。公何以證知為非博極群書，非能為古文，而僅以白話文藏拙者？胡君家世從學，其舊作古文雖不多見，然即其所作《中國哲學史大綱》言之，其了解古書之眼光，不讓於清代乾嘉學者。錢君所作之文字學講義學術文通論，皆古雅之古文。周君所譯之域外小說，則文筆之古奧，非淺學者所能解。然則公何寬於《水滸》《紅樓》之作者，而苛於同時之胡錢周諸君耶？

至於弟在大學，則有兩種主張如左：一，對於學說，仿世界各大學通例，循『思想自由』原則，取相容並包主義，與公所提出之『圓通廣大』四字頗不相背也。無論有何種學派，苟其言之成理，持之有故，尚不達自然淘汰之運命者，雖彼此相反，而悉聽其自由發展。此義已於《月刊》之發刊詞言之，抄奉一覽。

二，對於教員，以學詣為主，在校講授以無背於第一種之主張為界限。其在校外之言動悉聽自由，本校從不過問，亦不能代負責任。例如復闢主義，民國所排斥也，本校教員中有拖長辮而持復闢論者，以其所授為英國文學，與政治無涉，則聽之。籌安會之發起人，清議所指為罪人者也，本校教員中有其人，以其所授為古代文學，與政治無涉，則聽之。嫖賭娶妾等事，本校進德會所戒也，教員中間有喜作側豔之詩詞，以納妾挾妓為韻事，以賭為消遣者，苟其功課不荒，並不誘學生而與之墮落，則姑聽之。

夫人才至為難得，若求全責備，則學校殆難成立。且公私之間，自有天然界限。譬如公曾譯有《茶花女》，《迦茵小傳》，《紅礁畫槳錄》等小說，而亦曾在各學校講授古文及倫理學等，使有人詆公為以此等小說體裁講文學，以狎妓姦通爭有夫之婦講倫理者，寧值一笑歟？然則革新一派即偶有過激之論，苟於校課無涉，亦何必強以其責任歸之於學校耶？此復，並候著祺。八年三月十八日，蔡元培敬啟。」

此外還有一封致《公言報》的信，其詞曰：「《公言報》記者足下，讀本月十八日貴報，有《請看北京大學思潮變遷之近狀》一則，其中有林琴南君致鄙人一函，雖原函稱不必示覆，而鄙人為表示北京大學真相起見，不能不有所辨正，謹以答林君函抄奉，請為照載。又貴報稱陳胡等絕對菲棄舊道德，毀斥倫常，詆排孔孟，大約即以林君之函為據，鄙人已於致林君函辨明之。唯所云主張廢國語而以法蘭西文字為國語之議，何所據而云然？請示覆。」結果是《公言報》並無什麼答覆。

卯字號的名人一

為了記錄林蔡二人的筆墨官司，把兩方面的檔案抄寫了一通，不意有六七千字之多，做了一回十足的「文抄公」，給《談往》增加了不少的材料，但是這實在乃是為欲了解「五四」以前的北大情形的數據，不過現在已經很是難得，我恰有一冊《蔡孑民先生言行錄》下，裡邊收有此文，所以拿來利用了。我本來還有《公言報》上的原本，卻已經散失，這回轉錄難免有些錯字，只是隨了文氣加以訂正，恐怕是不很靠得住的。現在這重公案既然交代清楚，我們還是回過頭去，再講北京大學的事情。那時是民國六年（一九一七）的秋天，距我初到北京才只有五六個月，所以北大的情形還是像當初一個樣子，所謂北大就是在馬神廟的這一處，第一院的紅樓正在建築中，第三院的譯學館則是大學預科，文理本科完全在景山東街，即是馬神廟的「四公主府」，而且其時那正門也還未落成，平常進出總是走西頭的便門，即後來叫做西齋的寄宿舍的門的。進門以後，往北一帶靠西邊的圍牆有若干間獨立的房子，當時便是講堂，進去往東是教員的休息室，也是一帶平房，靠近南牆，外邊便是馬路，不知什麼緣故，普通叫做「卯字號」，隨後改做校醫室，一時又當作女生寄宿舍。但在最初卻是文科教員的預備室，一個人一間，許多名人每日都在這裡聚集，如錢玄同，朱希祖，劉文典，以及胡適博士，還有談紅樓故事的人所常談起的三沈二馬諸公，——但其時實在還只有沈尹默與馬裕藻而已，沈兼士在香山養病，沈士遠與馬衡都還未進北大，劉半農雖然與胡適之是同在這一年裡進北大來，但是他擔任的是預科功課，所以住在譯學館裡。卯字號的最有名的逸事，便是這裡所謂兩個老兔子和三個小兔子的事。這件事說明瞭極是平常，卻很有考據的價值，因為文科有陳獨秀與朱希祖是己卯年生的，又有三人則是辛卯年生，那是胡適之劉半農和劉文典，在民六才只二十七歲，過了四十多年之後再提起來說，陳朱二劉已早歸了道山，就是當時翩翩年少的胡君也已成了十足古希的老博士了。

這五位卯年生的名人之中，在北大資格最老的要算朱希祖，他還是民國初年進校的吧，別人都在蔡孑民長校之後，陳獨秀還在民五冬天，其他則在第二年裡了。朱希祖是章太炎先生的弟子，在北大主講中國文學史，但是他的海鹽話很不好懂，在江蘇浙江的學生還不妨事，有些北方人聽到畢業還是不明白。有一個同學說，他聽講文學史到了周朝，教師反覆的說孔子是「厭世思想」的，心裡很是奇怪，又看黑板上所寫引用孔子的話，都是積極的，一點看不出厭世的痕跡，尤其覺得納悶，如是過了好久，後來不知因了什麼機會，忽然省悟教師所說的「厭世」思想，實在乃是說「現世」思想，因為朱先生讀「現」字不照國語發音如「線」，仍用方音讀若「黶」，與厭字音便很相近似了。但是北方學生很是老實，雖然聽不懂他的說話，卻很安分，不曾表示反對，那些出來和他為難的反而是南方尤其是浙江的學生，這也是一件很有趣的事。在同班的學生中有一位姓范的，他搗亂得頂利害，可是外面一點都看不出來，大家還覺得他是用功安分的好學生。在他畢業了過了幾時，才自己告訴我們說，凡遇見講義上有什麼漏洞可指的時候，他自己並不出頭開口，只寫一小紙條搓團，丟給別的學生，讓他起來說話，於是每星期幾乎總有人對先生質問指摘。這已經鬧得教員很窘了，末了不知怎麼又有什麼匿名信出現，作惡毒的人身攻擊，也不清楚這是什麼人的主動。學校方面終於弄得不能付之不問了，於是把一位向來出頭反對他的學生，在將要畢業的直前除了名，而那位姓範的仁兄安然畢業，成了文學士。這位姓範的是區區的同鄉，而那頂了缸的姓孫的則是朱老夫子自己的同鄉，都是浙江人，可以說是頗有意思的一段因緣。

後來還有一回類似的事，在五四的前後，文學革命運動興起，校內外都發生了反應，校外的反對派代表是林琴南，他在《新申報》《公言報》上發表文章，肆行攻擊，頂有名的是《新申報》上的《蠡叟叢談》，本是假《聊齋》之流，沒有什麼價值，其中有一篇名叫「荊生」和「妖夢」的小說，是專門攻擊北大，想假借武力來加以摧毀的。北大法科有一個學生叫張謬子，是徐樹錚所辦的立達中學出身，林琴南在那裡教書時的學生，平常替他做些情報，報告北大的事情，又給林琴南寄稿至《新申報》，這些事上文都曾經說及，當時蔡孑民的回信雖嚴厲而仍溫和的加以警告，但是事情演變下去，似乎也不能那麼默爾而歇，所以隨後北大評議會終於議決開除他的學籍，雖然北大是向來不主張開除學生，特別是在畢業的直前，但這兩件似乎都是例外。從來學校裡所開除的，都是有本領好鬧事的好學生，北大也是如此。張謬子是個劇評專家，在北大法科的時候便為了辯護京戲，關於臉譜和所謂摔殼子的問題，在《新青年》上發生過好幾次筆戰。范君是歷史大家，又關於《文心雕龍》得到黃季剛的傳授，有特別的造詣。孫世暘是章太炎先生家的家庭教師還是祕書，也是黃季剛的高足弟子，大概是由他的關係而進去的。這樣看來，事情雖是在林琴南的信發表以前，這正是所謂新舊學派之爭的一種表現，黃季剛與朱希祖雖然同是章門，可是他排除異己，卻是毫不留情的。我與黃季剛同在北大多年，但是不曾見過面，和劉申叔也是這樣，雖然他在辦《天義報》《河南》的時候我都寄過稿，隨後又同在北大，卻只有在教授會議的會場上遠遠的望見過一次顏色，若黃季剛連這也沒有，也不曾見過照相，這不能不說是一個缺恨了。

這裡第二位的名人乃是陳獨秀。他是蔡孑民長校以後所聘的文科學長，大約當初也認識吧，但是他進北大去據說是由於沈君默（當時他不叫尹默，後來因為有人名沉默君，所以他把口字去了，改作尹默，老朋友叫他卻仍然是君默，他也不得不答應）的推薦，其時他還沒有什麼急進的主張，不過是一個新派的名士而已，看早期的《青年雜誌》當可明瞭，及至雜誌改稱「新青年」，大概在民六這一年裡逐漸有新的發展，胡適之在美國，劉半農在上海，校內則有錢玄同，起而響應，由文體改革進而為對於舊思想之攻擊，便造成所謂文學革命的運動。到了學年開始，胡適之劉半農都來北大任教，於是《新青年》的陣容愈加完整，而且這與北大也就發生不可分的關係了。但是月刊的效力還覺得是緩慢，何況《新青年》又並不能按時每月出版，所以大家商量再來辦一個週刊之類的東西，可以更為靈活方便一點。這事仍由《新青年》同人主持，在民七（一九一八）的冬天籌備起來，在日記上找到這一點記錄：

「十一月廿七日，晴。上午往校，下午至學長室議創刊《每週評論》，十二月十四日出版，任月助刊資三元。」那時與會的人記不得了，主要的是陳獨秀，李守常，胡適之等人。結果是十四日來不及出，延期至廿一日方才出第一號，也是印刷得很不整齊。當初我做了一篇《人的文學》，送給《每週評論》，得獨秀回信云：

「大著《人的文學》做得極好，唯此種材料以載月刊為宜，擬登入《新青年》，先生以為如何？週刊已批准，定於本月二十一日出版，印刷所之要求下星期三即須交稿，唯紀事文可在星期五交稿。文藝時評一闌，望先生有一實物批評之文。豫才先生處，亦求先生轉達。十四日。」我接到此信，改寫《平民的文學》與《論黑幕》二文，先後在第四五兩期上發表。隨後接連地遇見「五四」和「六三」兩次風潮，《每週評論》著實發揮了實力，其間以獨秀守常之力為多，但是北洋的反動派卻總是對於獨秀眈眈虎視，欲得而甘心，六月十二日獨秀在東安市場散放傳單，遂被警廳逮捕，拘押了起來。日記上說：

「六月十四日，同李辛白王撫五等六人至警廳，以北大代表名義訪問仲甫，不得見。」

「九月十七日，知仲甫昨出獄。」

十八日下午，至箭竿衚衕訪仲甫，一切尚好，唯因粗食故胃腸受病。」在這以前，北京御用報紙經常攻擊仲甫，以彼不謹細行，常作狹斜之遊，故報上紀載時加渲染，說某日因爭風抓傷某妓下部，欲以激起輿論，因北大那時有進德會不嫖不賭不娶妾之禁約也，至此遂以違警見捕，本來學校方面也可以不加理睬，但其時蔡校長已經出走，校內評議會多半是「正人君子」之流，所以任憑陳氏之辭職，於是拔去了眼中釘，反動派乃大慶勝利了。獨秀被捕後，《每週評論》暫由李守常胡適之主持，二人本來是薰蕕異器，合作是不可能的，但事實上沒有別的辦法。日記上說：

「六月廿三日，晴。下午七時至六味齋，適之招飲，同席十二人，共議《每週評論》善後事，十時散。」來客不大記得了，商議的結果大約也只是維持現狀，由守常適之共任編輯，生氣虎虎的《每週評論》已經成了強弩之末，有幾期裡大幅的登載學術講演，此外胡適之的有名的「少談主義多談問題」的議論恐怕也是在這上邊發表的。但是反動派還不甘心，在過了一個多月之後，《每週評論》終於在八月三十日被迫停刊了，總共出了三十六期。《新青年》的事情以後仍歸獨秀去辦，日記上記有這一節話：

「十月五日，晴。下午二時至適之寓所，議《新青年》事，自七卷始，由仲甫一人編輯，六時散，適之贈所著《實驗主義》一冊。」在這以前，大約是第五六卷吧，曾議決由幾個人輪流擔任編輯，記得有獨秀，適之，守常，半農，玄同，和陶孟和這六個人，此外有沒有沈尹默那就記不得了，我特別記得是陶孟和主編的這一回，我送去一篇譯稿，是日本江馬修的小說，題目是「小的一個人」，無論怎麼總是譯不好，陶君給我加添了一個字，改作「小小的一個人」，這個我至今不能忘記，真可以說是「一字師」了。關於《新青年》的編輯會議，我一直沒有參加過，《每週評論》的也是如此，因為我們只是客員，平常寫點稿子，只是遇著興廢的重要關頭，才會被邀列席罷了。

卯字號的名人三

上邊說陳仲甫的事，有一半是關係胡適之的，現在要講劉半農，這也與胡適之有關，因為他之成為法國博士，乃是胡適之所促成的。我們普通稱胡適之為胡博士，也叫劉半農為劉博士，但是很有區別，劉的博士是被動的，多半含有同情和憐憫的性質，胡的博士卻是能動的，純粹是出於嘲諷的了。劉半農當初在上海賣文為活，寫「禮拜六」派的文章，但是響應了《新青年》的號召，成為文學革命的戰士，確有不可及的地方。來到北大以後，我往預科宿舍去訪問他，承他出示所作《靈霞館筆記》的數據，原是些極為普通的東西，但經過他的安排組織，卻成為很可誦讀的散文，當時就很佩服他的聰明才力。可是英美派的紳士很看他不起，明嘲暗諷，使他不安於位，遂想往外國留學，民九乃以公費赴法國，留學六年，終於獲得博士學位，而這學位乃是國家授與的，與別國的由私立大學所授的不同，他屢自稱國家博士，雖然有點可笑，但這卻是很可原諒的。他最初參加《新青年》，出力奮鬥，頂重要的是和錢玄同合「唱雙簧」，由玄同扮作舊派文人，化名王敬軒，寫信抗議，半農主持答覆，痛加反擊，這些都做得有些幼稚，在當時卻是很有振聾發聵的作用的。他不曾與聞《每週評論》，在「五四」時卻主持高等學校教職聯合會事務，後來歸國加入《語絲》，作文十分勇健，最能嚇破紳士派的苦膽。後來至綏遠作學術考察，生了回歸熱，這本來可以醫好，為中醫所誤，於一九三四年去世，在追悼會的時候，我總結他的好處共有兩點。其一是他的真，他不裝假，肯說話，不投機，不怕罵，一方面卻是天真爛漫，對什麼人都無惡意。其二是他的雜學，他的專門是語音學，但他的興趣很廣博，文學美術他都喜歡，做詩，寫字，照相，搜書，講文法，談音樂，有人或者嫌他雜，我覺得這正是好處，方面廣，理解多，於處世和治學都有用。當時併作了一副輓聯送去，其文云：

十七年爾汝舊交，追憶還從卯字號。
廿餘日馳驅大漠，歸來竟作丁令威。

在第二年的夏天，下葬於北京西郊，劉夫人命作墓誌刻石，我遂破天荒第一次正式做起文章來，寫成《故國立北京大學教授劉君墓誌》一篇，其文如下：

「君姓劉，名復，號半農，江蘇江陰縣人，生於清光緒十七年辛卯四月二十日，以中華民國二十三年七月十四日卒於北平，年四十四。夫人朱惠，生子女三人，育厚，育倫，育敦。

君少時曾奔走革命，已而賣文為活，民國六年被聘為國立北京大學預科教授，九年教育部派赴歐洲留學，凡六年。十四年應巴黎大學考試，受法國國家文學博士學位，返北京大學，任中國文學系教授，兼研究所國學門導師。二十年為文學院研究教授，兼研究院文史部主任。二十三年六月至綏遠調查方音，染回歸熱，返北平，遂卒。二十四年五月葬於北平西郊香山之玉皇頂。

君狀貌英特，頭大，眼有芒角，生氣勃勃，至中年不少衰。性果毅，耐勞苦，專治語音學，多所發明。又愛好文學美術，以餘力照相，寫字，作詩文，皆精妙。與人交遊，和易可親，善談諧，老友或與戲謔以為笑。及今思之，如君之人已不可再得。嗚呼，古人傷逝之意其在茲乎。

將葬，夫人命友人紹興周作人撰墓誌，如皋魏建功書石，鄞馬衡篆蓋。作人，建功，衡於誼不能辭，故謹志而書之。」

第五個卯字號的名人乃是劉文典，但是這裡餘白已經不多，只好來少為講幾句，雖然他的事情說來很多。他是安徽合肥縣人，乃是段祺瑞的小同鄉，為劉申叔的弟子，擅長那一套學問，所著有《淮南子集解》(?)，有名於時。其狀貌甚為滑稽，口多微詞，凡詞連段祺瑞的時候，輒曰，「我們的老中堂……」，以下便是極不雅馴的話語，牽連到「太夫人」等人的身上去。劉號曰叔雅，常自用文字學上變例改為「狸豆烏」，友人則戲稱之為「劉格拉瑪」，用代稱號。因為昔曾吸食雅片煙，故面目黧黑，亦不諱言，又性喜食豬肉，嘗見錢玄同在餐廳索素食，便來辯說其不當，莊諧雜出，玄同匆遽避去。後來北大避難遷至昆明，於是相識友人遂進以尊號，曰二雲居士，謂雲土與雲腿，皆所素嗜也。平日很替中醫辯護，謂世上混帳人太多，他們「一線當機」唯以有若輩在耳，其持論奇闢大抵類此。

三沈二馬上

平常講起北大的人物，總說有三沈二馬，這是與事實有點不很符合的。事實上北大裡後來是有三個姓沈的和兩個姓馬的人，但在我們所說的「五四」前後卻不能那麼說，因為那時只有一位姓沈的即是沈尹默，一位姓馬的即是馬幼漁，別的幾位都還沒有進北大哩。還有些人硬去拉哲學系的馬夷初來充數，殊不知這位「馬先生」，——這是因為他發明一種「馬先生湯」，所以在北京飯館裡一時頗有名，——乃是杭縣人，不能拉他和鄞縣的人做是一家，這尤其是可笑了。沈尹默與馬幼漁很早就進了北大，還在蔡孑民長北大之前，所以資格較老，勢力也比較的大，實際上兩個人有些不同，馬君年紀要大幾歲，人卻很是老實，容易發脾氣，沈君則更沉著有思慮，因此雖凡事退後，實在卻很起帶頭作用。朋友們送他一個徽號叫「鬼谷子」，他也便欣然承受，錢玄同嘗在背地批評，說這混名起得不妙，鬼谷子是陰謀大家，現在這樣的說，這豈不是自己去找罵麼？但就是不這樣說，人家也總是覺得北大的中國文學系裡是浙江人專權，因為沈是吳興人，馬是寧波人，所以有「某籍某系」的謠言，雖是「查無實據」，卻也是「事出有因」，但是這經過閒話大家陳源的運用，移轉過來說紹興人，可以說是不虞之譽了。我們紹興人在「正人君子」看來，雖然都是紹興師爺一流人，性好舞文弄墨，但是在國文系裡我們是實在毫不足輕重的。他們這樣的說，未必是不知道事實，但是為的「挑剔風潮」，別有作用，卻也可以說弄巧成拙，留下了這一個大話柄了吧。

如今閒話休題，且說那另外的兩位沈君。一個是沈兼士，沈尹默的老弟，他的確是已經在北大裡了，因為民六那一年我接受北大國史編纂處的聘書為纂輯員，共有兩個人，一個便是沈兼士，不過他那時候不在城裡，是在香山養病。他生的是肺病，可不是肺結核，乃是由於一種名叫二口蟲的微生物，在吃什麼生菜的時候進到肚裡，侵犯肺臟，發生吐血，這是他在東京留學時所得的病，那時還沒有全愈。他也曾從章太炎問學，他的專門是科學一面，在「物理學校」上課，但是興味卻是國學的「小學」一方面，以後他專搞文字學的形聲，特別是「右文問題」，便是凡從某聲的文字也含有這聲字的意義。他在西山養病時，又和基督教的輔仁學社裡的陳援庵相識，陳研究元史，當時著《一賜樂業考》，《也裡可溫考》等，很有些新氣象，逐漸二人互相提攜，成為國學研究的名流。沈兼士任為北大研究所國學門主任，陳援庵則由導師，轉升燕京大學的研究所主任，再進而為輔仁大學校長，更轉而為師範大學校長，至於今日。沈兼士隨後亦脫離北大，跟陳校長任輔仁大學的文學院長，終於因同鄉朱家驊的關係，給國民黨做教育的特務工作，勝利以後匆遽死去。陳援庵同胡適之也是好朋友，但胡適之在解放的前夕乘飛機倉黃逃到上海，陳援庵卻在北京安坐不動，當時王古魯在上海，特地去訪胡博士，勸他回北京至少也不要離開上海，可是胡適之卻不能接受這個好意的勸告。由此看來，沈兼士和胡適之都不能及陳援庵的眼光遠大，他的享有高齡與榮譽，可見不是偶然的事了。

另外一個是沈大先生沈士遠，他的名氣都沒有兩個兄弟的大，人卻頂是直爽，有北方人的氣概，他們雖然本籍吳興，可是都是在陝西長大的。錢玄同嘗形容他說，譬如有幾個朋友聚在一起談天，漸漸的由正經事談到不很雅馴的事，這是凡在聚談的時候常有的現象，他卻在這時特別表示一種緊張的神色，彷彿在宣告道，現在我們要開始說笑話了！這似乎形容的很是得神。他最初在北大預科教國文，講解的十分仔細，講義中有一篇《莊子》的《天下篇》，據說這篇文章一直要講上一學期，這才完了，因此學生們送他一個別號便是「沈天下」。隨後轉任為北大的庶務主任，到後來便往燕京大學去當國文教授，時間大約在民國十五年（一九二六）吧，因為第二年的四月李守常君被捕的那天，大家都到他海甸家裡去玩，守常的大兒子也同了同學們去，那天就住在他家裡，及至次晨這才知道昨日發生的事情，便由尹默打電話告知他的老兄，叫暫留守常的兒子住在城外。因此可以知道他轉往燕大的時期，這以後他就脫離了北大，解放後他來北京在故宮博物院任職，但是不久也就故去了。至今三位沈君之中，只有尹默還是健在，但他也已早就離開北大，在民國十八年北伐成功之後，他陸續擔任河北省教育廳長，北平大學校長，女子文理學院院長，後到上海任中法教育職務，他擅長書法，是舊日朋友中很難得的一位藝術家。

三沈二馬下

現在要來寫馬家列傳了。在北大的雖然只有兩位馬先生，但是他家兄弟一共有九個，不過後來留存的只是五人，我都見到過，而且也都相當的熟識。馬大先生不在了，但留下一個兒子，時常在九先生那裡見到，二先生即是北大的馬幼漁，名裕藻，本來他們各有一套標準的名號，很是整齊，大約還是他們老太爺給定下來的，即四先生名衡，字叔平，五先生名鑒，字季明，七先生名準，本字繩甫，後來曾一度出家，因改號太玄，九先生名廉，字隅卿，照例二先生也應是個單名，字為仲什麼，但是他都改換掉了，大約也在考取「百名師範」，往日本留學去的時候吧。不曉得他的師範是哪一門，但他在北大所教的乃是章太炎先生所傳授的文字學的音韻部分，和錢玄同的情形正是一樣。他進北大很早，大概在蔡子民長校之前，以後便一直在裡邊，與北大共始終，民國廿六年（一九三七）學校遷往長沙隨後又至昆明，他沒有跟了去，學校方面承認幾個教員有困難的不能離開北京，名為北大留校教授，凡有四人，即馬幼漁，孟心史，馮漢叔和我，由學校每月給予留京津貼五十元，但在解放以前他與馮孟兩位卻已去世了。

馬幼漁性甚和易，對人很是謙恭，雖是熟識朋友也總是稱某某先生，這似乎是馬氏弟兄的一種風氣，因為他們都是如此的。與舊友談天頗喜詼諧，唯自己不善劇談，只是傍聽微笑而已。但有時跡近戲弄的也不贊成，有一次劉半農才到北京不久，也同老朋友一樣和他開玩笑，在寫信給他的時候，信面上寫作「鄞縣馬廄」，主人見了艴然不悅，這其實要怪劉博士的過於輕率的。他又容易激怒，在評議會的會場上遇見不合理的議論，特別是後來「正人君子」的一派，他便要大聲叱吒，一點不留面子，與平常的態度截然不同。但是他碰見了女學生，那就要大倒其楣，他平時的那種客氣和不客氣的態度都沒有用處。現在來講這種軼事，似乎對於故人有點不敬的意思，其實是並不然的，這便是說他有特別的一樣脾氣，便是所謂讋妻癖。本來在知識階級中間這是狠尋常的事，居家相敬如賓，出外說到太太時，總是說自己不如，或是學問好，或是治家有方，有些人聽了也不大以為然，但那畢竟與季常之懼稍有不同，所以並無什麼可笑之處，至多是有點幽默味罷了。他有一個時候曾在女師大或者還是女高師兼課，上課的時候不知怎的說及那個問題，關於「內人」講了些話，到了下星期的上課時間，有兩個女學生提出請求道：

「這一班還請老師給我們講講內人的事吧。」這很使得他有點為難，大概只是嗨嗨一笑，翻開講義夾來，模胡過去了吧。這班學生裡很出些人物，即如那搗亂的學生就是那有名的黃瑞筠，當時在場的她的同學後來出嫁之後講給她的「先生」聽，我又是從那裡轉聽來的，所以雖然是間接得來，但是這故事的真實性是十分可靠的。——說到這裡，聯想所及不禁筆又要岔了開去，來記劉半農的一件軼事了。這些如教古舊的道學家看來，就是「談人閨閫」，是很缺德的事，其實講這故事其目的乃是來表彰他，所以乃是當作一件盛德事來講的。當初劉半農從上海來北京，雖然有志革新，但有些古代傳來的「才子佳人」的思想還是存在，時常在談話中間要透露出來，彷佛有羡慕「紅袖添香」的口氣，我便同了玄同加以諷刺，將他的號改成龔孝拱的「半倫」，因為龔孝拱不承認五倫，只餘下一妾，所以自認只有半個「倫」了。半農禁不起朋友們的攻擊，逐漸放棄了這種舊感情和思想，後來出洋留學，受了西歐尊重女性的教訓，更是顯著的有了轉變了。歸國後參加《語絲》的工作，及張作霖入關，《語絲》被禁，我們兩人暫避在一個日本武人的家裡，半農有《記硯兄之稱》一小文記其事云：

「余與知堂老人每以硯兄相稱，不知者或以為兒時同窗友也。其實余二人相識，余已二十七，豈明已三十三。時余穿魚皮鞋，猶存上海少年滑頭氣，豈明則蓄濃髯，戴大絨帽，披馬伕式大衣，儼然一俄國英雄也。越十年，紅胡入關主政，北新封，《語絲》停，李丹忱捕，余與豈明同避菜廠衚衕一友人家。小廂三楹，中為膳食所，左為寢室，席地而臥，右為書室，室僅一桌，桌僅一硯。寢，食，相對枯坐而外，低頭共硯寫文而已。居停主人不許多友來視，能來者余妻豈明妻而外，僅有徐耀辰兄傳遞外間訊息，日或三四至也。時為民國十六年，以十月二十四日去，越一星期歸，今日思之，亦如夢中矣。」我所說的便是躲在菜廠衚衕的事，有一天半農夫人來訪，其時適值余妻亦在，因避居右室，及臨去乃見其潛至門後，親吻而別，此蓋是在法國學得的禮節，維持至今者也。此事適為余妻窺見，相與嘆息劉博士之盛德，不敢笑也。劉胡二博士雖是品質不一樣，但是在不忘故劍這一點上，卻是足以令人欽佩的，胡適之尚健在，若是劉半農則已蓋棺論定的了。

二馬之餘

上邊講馬幼漁的事，不覺過於冗長，所以其他的馬先生只能寫在另外的一章了。馬四先生名叫馬衡，他大約是民國八九年才進北大的吧，教的是金石學一門，始終是個講師，於校務不發生什麼關係，說的人也只是品湊「二馬」的人數，拉來充數的罷了。他的夫人乃是寧波鉅商葉澄衷堂家裡的小姐，卻十分看不起大學教授的地位，曾對別人說：

「現在好久沒有回孃家去了，因為不好意思，家裡問起叔平幹些什麼，要是在銀行什麼地方，那也還說得過去，但是一個大學的破教授，教我怎麼說呢？」可是在那些破教授中間，馬叔平卻是十分闊氣的，他平常總是西服，出入有一輛自用的小汽車，胡博士買到福特舊式的「高軒」，恐怕還要在他之後哩。他待人一樣的有禮貌，但好談笑，和錢玄同很說得來，有一次玄同與我轉託黎劭西去找齊白石刻印，因為黎齊有特別關係，刻印可以便宜，只要一塊半錢一個字，叔平聽見了這個訊息，便特地坐汽車到孔德學校宿舍裡去找玄同，鄭重的對他說：

「你有錢盡有可花的地方，為什麼要去送給齊白石？」他自己也會刻印，但似乎是仿漢的一派，在北京的印人經他許可的只有王福庵和壽石工，他給我刻過一方名印，仿古人「庾公之斯」的例，印文云「周公之作」，這與陳師曾刻的省去「人」字的「周作」正是好一對了。他又喜歡喝酒，玄同前去談天留著吃飯的時候，常勸客人同喝，玄同本來也會喝酒，只因血壓高怕敢多吃，所以曾經寫過一張「酒誓」，留在我這裡，因為他寫了同文的兩張，一張是給我的，卻不知道是什麼緣故，都寄到這裡來了。原文系用九行行七字的急就廎自制的紅格紙所寫，其文曰：

「我從中華民國二十二年七月二日起，當天發誓，絕對戒酒，即對於馬凡將周苦雨二氏，亦不敷衍矣。恐後無憑，立此存照。錢龜競十。」下蓋朱文方印曰龜競，十字甚粗笨，則是花押也。給我的一紙文字相同，唯周苦雨的名字排在前面而已。看了這寫給「凡將齋」的酒誓，也可以想見主人是個有風趣的人了。他於賞鑒古物也很有工夫，有一年正月逛廠甸，我和玄同叔平大家適值會在一起，又見黎子鶴張鳳舉一同走來，子鶴拿出新得來的「醬油青田」的印章，十分得意的給他看，他將石頭拿得很遠的一看，(因為有點眼花了)不客氣的說道：

「西貝，西貝！」意思是說「假」的。玄同後來時常學他的做法，這也是可以表現他的一種性格。自從一九二四年宣統出宮，故宮博物院逐漸成立以後，馬叔平遂有了他適當的工作，後來正式做了院長，直到解放之後這才故去了。

此外還有幾位馬先生，雖然只有一位與北大有關係，也順便都記在這裡。馬五先生即是馬鑒季明，他一向在燕京大學任教，我在那裡和他共事好幾年，也是很熟習的朋友，後來轉到香港大學，到近年才歸道山。馬七先生馬準，法號太玄，也是一個很可談話有風趣的人，在有些地方大學教書，只是因為曾有嗜好，所以不大能夠得意，在他的兄弟處時常遇見，頗為諗熟。末了一個是馬九先生隅卿，他曾在魯迅之後任中國小說史的功課，至民國二十四年（一九三五）二月十九日在北京大學第一院課堂上因腦出血去世。隅卿的專門研究是明清的小說戲曲，此外又蒐集四明的明末文獻，這件事是受了清末的民族革命運動的影響，大抵現今的老年人都有過這種經驗，不過表現略有不同，如七先生寫到清乾隆必稱曰弘曆，亦是其一。因為這些小說戲曲從來是不登大雅之堂的，所以隅卿自稱曰不登大雅文庫，隅卿沒後，聽說這文庫以萬元售給北大圖書館了。後來得到一部二十回本的《平妖傳》，又稱平妖堂主人，嘗復刻書中插畫為籤紙，大如冊頁，分得一匣，珍惜不敢用，又別有一種畫籤，系《金瓶梅》中插圖，似刻成未印，今不可得矣。居南方時得話本二冊，題曰「雨窗集」「欹枕集」，審定為清平山堂同型之本，舊藏天一閣者也，因影印行世，請沈兼士書額雲雨窗欹枕室，友人或戲稱之為雨窗先生。隅卿用功甚勤，所為札記甚多，平素過於謙退不肯發表，嘗考馮夢龍事跡著作甚詳備，又抄集遺文成一卷，屢勸其付印亦未允。二月十八日是陰曆上元，他那時還出去看街上的燈，一直興致很好，不意到了第二天便爾溘然了。我送去了一副輓聯，只有十四個字：

月夜看燈才一夢，

雨窗欹枕更何人。

——中年以後喪朋友是很可悲的事，有如古書，少一部就少一部，此意惜難得恰好的達出，輓聯亦只能寫得像一副輓聯就算了。當時寫一篇紀念文，是這樣的結末的。

五四之前

關於北大裡的人物的事情，講的已經不算少了，現在來講一點學校那時的一點情形吧。其時我才從地方中學出來，一下子就進到最高學府，不知道如何是好，也只好照著中學的規矩，敷衍做去。點名劃到，還是中學的那一套，但是教課，中學是有教科書的，現在卻要用講義，這須得自己來編，那便是很繁重的工作了。課程上規定，我所擔任的歐洲文學史是三單位，希臘羅馬文學史三單位，計一星期只要上六小時的課，可是事先卻須得預備六小時用的講義，這大約需要寫稿紙至少二十張，再加上看參考書的時間，實在是夠忙的了。於是在白天裡把草稿起好，到晚上等魯迅修正字句之後，第二天再來謄正並起草，如是繼續下去，在六天裡總可以完成所需要的稿件，交到學校裡油印備用。這樣經過一年的光陰，計草成希臘文學要略一卷，羅馬一卷，歐洲中古至十八世紀一卷，合成一冊《歐洲文學史》，作為北京大學叢書之三，由商務印書館出版。這是一種雜湊而成的書，材料全由英文字各國文學史，文人傳記，作品批評，雜和做成，完全不成東西，不過在那時候也湊合著用了。但是這裡也有一種特色，便是人地名都不音譯，只用羅馬字拼寫，書名亦寫原文，在講解時加以解說，所以是用橫行排印，雖然用的還是文言。後來商務印書館要出一套大學的教本，想把這本文學史充數，我也把編好了的十九世紀文學史整理好，預備加進去，可是拿到他們專家審訂的意見來一看，我就只好敬謝不敏了。因為他說書中年月有誤，那可能是由於我所根據的和他的權威不合，但是主張著作名稱悉應改用英文，這種英語正統的看法在那些紳士學者的社會雖是當然，但與原書的主旨正是相反，所以在紳士叢書中間只得少陪了。曾見《歐洲分期文學史》中一冊「十四世紀」，是英國聖茲伯利所編，他在例言裡邊說，因為編寫這冊書的緣故，重新將十四世紀的作品讀了一遍，一切悉依原文，自己說明只有愛爾蘭古文不懂，所以用了譯文。我看了只能叫聲慚愧，編文學史的工作不是我們搞得來的，要講一國一時期的文學照理非得把那些作品都看一遍不可，我們平凡人哪裡來這許多精力和時間？我的那冊文學史在供應了時代的需要以後，任其絕板，那倒是很好的事吧。

北大那時還於文科之外，還早熟的設立研究所，於六年（一九一七）十二月開始，凡分哲學，中文及英文三門，由教員擬定題目，分教員公同研究及學生研究兩種。我於甲種中選擇了「改良文字問題」，同人有錢玄同馬裕藻劉文典三人，卻是一直也沒有開過研究會，乙種則參加了「文章」類第五的小說組，同人有胡適劉復二人，規定每月二次，於第二第四的星期五舉行開會，照例須有一個人講演。我們的小說組於十二月十四日開始，一共有十次的集會，研究員只有中文系二年級的崔龍文和英文系三年級的袁振英兩人。我記得講演僅有胡劉二君各講了一回，是什麼題目也已忘記了，只彷彿記得劉半農所講是什麼「下等小說」，到了四月十九日這次輪到應該我講了，我遂寫了一篇《日本近三十年小說之發達》，在那裡敷衍的應用。大意是說它學西洋學得好，能夠徹底的去模仿外國，隨後就可以蛻化出自己的東西來，隨後講到中國，便大發其牢騷，現在雖已是過時，不妨抄在這裡，以供參考：

「中國講新小說也二十多年了，算起來卻毫無成績，這是什麼理由呢？據我說來，就只在中國人不肯模仿，不會模仿。因為這個緣故，所以舊派小說還出幾種，新文學的小說就一本也沒有。創作一面姑且不論也罷，即如翻譯，也是如此。除卻一二種節譯的小仲馬《茶花女遺事》，托爾斯泰《心獄》外，別無世界名著。其次司各得，迭更司還多，接下去便是高能達利，哈葛得，白髭拜（Boothby），無名氏諸作。這宗著作，固然沒有什麼可模仿，也決沒人去模仿它，因為譯者本來也不是佩服他的長處所以譯它，所以譯這本書者便因為它有我的長處，因為他像我的緣故。所以司各得小說之可譯可讀者，就因為他像史漢的緣故，正與將赫胥黎《天演論》比周秦諸子同一道理。大家都存著這樣一個心思，所以凡事都改革不完成，不肯自己去學別人，只願別人來像我，即使勉強去學，也仍是打定老主意，以『中學為體，西學為用』。學了一點，更上下古今扯作一團，來作他的傳奇主義的《聊齋》，自然主義的《子不語》，這是不肯模仿不會模仿的必然的結果了。」

我說這番話，完全是針對那時上海的小說界而說的，當時除風行一時的「鴛鴦蝴蝶派」而外，就是劉半農所說的下等小說和「黑幕」派，所指的翻譯界現象則是林琴南派的說法了。這裡反面的發牢騷，就是對於當時小說界的批評，至今覺得很對，但是正面說日本的話，卻似乎現在要加以修正了。日本文化的特色固然是在於「創造的模仿」，但是近來卻有點過分的模仿西洋，尤其是美國，連言語也生了變化，混雜了許多不必要的「英文」，彷佛成功了一種新的混血日本語，而且聽說書法家也傳染了美國什麼叫做抽象派畫家的習氣，大幅的塗抹，這不但浪費紙墨，也簡直可以說是風雅掃地了。這個緣因大抵是由於資本主義的報館和文人一同起鬨，造成這種混亂情形，或者這是在西方式的所謂自由社會裡應有的現象吧。

北京大學經過改革，兩年來逐漸就緒，馬神廟的校舍改造成功，稱為第二院。在漢花園建築也於民國七年（一九一八）落成，上下共有五層，本來原擬作為宿舍用的，現在卻改為文科，稱為第一院，譯學館則稱第三院，專辦法科，第二院因為房屋較好，作為理科之用，校長辦公室也就留在那裡，但是以後文化活動的中心卻也同文科一起搬到第一院來了。舊日記在民國七年九月項下云：

「廿七日，晴。下午同半農秣陵往看新築文科。」據褚保衡編的《北大生活》裡大事記說，五年六月借比國儀品公司款二十萬元，建造預科宿舍，至七年十月落成，改為文科，就是後來的所謂紅樓。

每週評論上

《北大生活》的大事記上有這幾項記錄：

「民國七年十二月三日，新潮雜誌成立。」

「八年一月，《新潮》雜誌出版。」

「同月，國故月刊社成立。」這樣，《公言報》所誇張的新舊學派對立的情形已經開始，剛到兩個月便興起了那武力干涉的陰謀，但是其實那異軍突起的卻並不是每月一回的月刊，乃是七年十一月廿七日成立，而於十二月廿一日創刊的《每週評論》。所謂新舊派的論爭實在也爭不出什麼來，新派純憑文章攻擊敵方的據點，不涉及個人，舊派的劉申叔則只顧做他的考據文章，別無主張，另一位黃季剛乃專門潑婦式的罵街，特別是在講堂上尤其大放厥詞，這位國學大師的做法實是不足為訓。這手法傳給了及門弟子，所以當時說某人是「黃門侍郎」（即是說是黃季剛的得意門生），誰也感到頭痛，覺得不敢請教的。《新潮》的主幹是傅斯年，羅家倫只是副手，才力也較差，傅在研究所也單認了一種黃侃的文章組的「文」，可以想見在一年之前還是黃派的中堅，但到七年十二月便完全轉變了，所以陳獨秀雖自己在編《新青年》，卻不自信有這樣大的法力，在那時候曾經問過我，「他們可不是派來做細作的麼？」我雖然教過他們這一班，但實在不知底細，只好成人之美說些好話，說他們既然有意學好，想是可靠的吧。結果仲甫的懷疑到底是不錯的，他們並不是做細作，卻實在是投機，「五四」以後羅家倫在學生會辦事也頗出力，及至得到學校的重視，資送出洋，便得到高飛的機會了。他們這種做法實在要比舊派來得高明，雖然其動機與舊派一流原是一樣的。

《每週評論》預定於十二月十四日創刊，我乃寫了一篇《人的文學》，於十二月七日脫稿，送了過去，十四日得仲甫回通道：

「大著《人的文學》做得極好，唯此種材料以載月刊為宜，擬登入《新青年》，先生以為如何？週刊已批准，定於本月二十一日出版，印刷所之要求，下星期三即須交稿。文藝時評一欄，望先生有一實物批評之文。」因此我就改作了一篇《平民的文學》，是二十日做成的，此外又寫了一篇《論黑幕》，這兩篇文章在《每週評論》第四五兩期上登載了出來。此後在二月十四日又寫了《再論黑幕》，不曉得發表在什麼時候，現在這兩篇關於黑幕的文章都沒有收在集子裡，所以說些什麼，已經完全忘記了。比較的至今還是記得清楚的，是兩篇別的文章，因為這些乃是由衷之言，可以說是近於「言志」的東西，這即是《祖先崇拜》與《思想革命》，在《談虎集》上卷收在開頭的地方。兩篇文章的末尾都只記著「八年三月」，查日記裡也沒有記載，只有二日下午記著「作文」，可能就是這個。《祖先崇拜》是反對中國的尊重國粹，主張廢止祖先崇拜而改為子孫崇拜，主要說：

「我不信世上有一部經典，可以千百年來當人類的教訓的，只有紀載生物的生活現象的學問，才可供我們的參考，定人類行為的標準。在自然律上面的確是祖先為子孫而生存，並非子孫為祖先而生存的。」我這倫理的生物學的解說不管它的好壞得失如何，的確跟了我一輩子，做了我一切意見的根柢，而其實關於生物學的學問，不說是外行，也只有中學的程度。第二篇《思想革命》則是正面的主張，強調思想改革之必要，彷彿和那時正出風頭的「文學革命」即是文字改革故意立異，實在乃是補足它所缺少的一方面罷了。這主要所說固然是文學裡的思想，但實際包含著一切的封建的因襲道德，若是借了《大公報》的說法，那也就是「剗倫常」的一種變相了。我給《每週評論》幫忙，在前三個月中間就只有這一點，因為四月裡我告假出京，先往紹興家中一轉，再到日本東京，所以「五四」時候不曾在場，待得我從東京回得北京來，卻已是五月十八日了。

每週評論下

「五四」的情形因為我不在北京，不能知道，但是一個月之後，遇見「六三」事件，我卻是「親眼目睹」的，有些事情便在《每週評論》上反映了出來。五四是大學生干預國政運動的開始，所以意義很是重大，六三則是運動的擴大，中小學生表示同情，援助大學生，出來講演遊行，北洋政府慌了手腳，連忙加以鎮壓，可是對於幼小學生，到底不好十分亂來，只好遇見就拘捕起來。那一天下午，我在北大新造成的第一院，二樓中間的國文系教授室那時作為教職員聯合會辦事室的一間屋裡，聽說政府捉了許多中小學生拘留各處，最近的北路便是第三院法科那裡，於是陳百年劉半農王星拱和我四人便一同前去，自稱系北大教員代表，慰問被捕學生，要求進去，結果自然是被拒絕，只在門前站著看了一會兒。三院前面南北兩路斷絕交通，隔著水溝（那時北河沿的溝還未填平）的東邊空地上聚集了許多看熱鬧的男女老幼都有，學生隨時被軍警押著送來，有的只是十三四歲的初中學生，走到門前，在門樓上的有些同學，便拍手高呼歡迎他，那看熱鬧的人也拍手相應。有的老太婆在擦眼淚，她眼看像她孫兒那麼大的小學生被送進牢門（雖然這原是譯學館的門）裡不見了，她怎能不心酸呢？反動政府對於革命運動的無理的鎮壓，不但給予革命者本身，也給予一般民眾以最好的訓練，使得他們了解並同情於革命，往往比運動本身更有效力。

這一天就在混亂中過去了，第二天是六月四日，下午二時至第二院理科赴職教員會，沒有什麼結果，又回至文科，則門外已駐兵五棚，很有不穩的形勢。五日下午仍至文科，三時半出校，步行至前門內警察廳門前，有學生講演不能通行，大隊軍警包圍著他們，我們正想擠過去，馬隊便過來沖散行人，有一老翁忽然大怒，說我們平民為什麼路都不能走，要奔去馬隊拚命，好容易由旁人勸止，這一件小事也就可以證明，和平的小市民怎麼的被激動而引起反政府的感情，這全由於北洋政府自己的行動，並不單是學生的講演所能造成的。那一天回到會館裡，在燈下做了一篇《前門遇馬隊記》，於次日上午往北大上課的時候，送到圖書館主任室交給守常，請他編入《每週評論》，那天似是星期五，所以可能在下一期上登了出來了。其文曰：

「中華民國八年六月五日下午三時後，我從北池子往南走，想出前門買點什物。走到宗人府夾道，看見行人非常的多，我就覺得有點古怪。到了警察廳前面，兩旁的步道都擠滿了，馬路中間站立著許多軍警。再往前看，見有幾隊穿長衫的少年，每隊裡有一張國旗，站在街心，周圍也是軍警。我還想上前，就被幾個兵攔住。人家提起兵來，便覺得害怕。但我想兵和我同是一樣的中國人，有什麼可怕呢？那幾位兵士果然很和氣，說請你不要再上前去。我對他說，『那班人都是我們中國的公民，又沒拿著武器，我走過去有什麼危險呢？』他說，『你別見怪，我們也是沒法，請你略候一候，就可以過去了。』我聽了也便安心站著，卻不料忽聽得一聲怪叫，說道什麼『往北走！』後面就是一陣鐵蹄聲，我彷彿見我的右肩旁邊，擅到了一個黃的馬頭。那時大家發了慌，一齊向北直奔，後面還聽得一陣馬蹄聲響和怪叫。等到覺得危險已過，立定看時，已經在『履中』兩個字的牌樓底下了。我定一定神，再計算出前門的方法，不知如何是好，須得向哪裡走才免得被馬隊來沖。於是便去請教那站崗的警察，他很和善的指導我，教我從天安門往南走，穿過中華門，可以安全出去。我謝了他，便照他指導的走去，果然毫無危險。我在甬道上走著，一面想著，照我今天遇到的情形，那兵警都待我很好，確是本國人的樣子，只有那一隊馬煞是可怕。那馬是無知的畜生，它自然直衝過來，不知道什麼是共和，什麼是法律。但我彷佛記得那馬上似乎也騎著人，當然是兵士或警察了。那些人雖然騎在馬上，也應該還有自己的思想和主意，何至任憑馬匹來踐踏我們自己的人呢？我當時理應不要逃走，該去和馬上的『人』說話，諒他一定也很和善，懂得道理，能夠保護我們。我很懊悔沒有這樣做，被馬嚇慌了，只顧逃命，把我衣袋裡的十幾個銅元都丟了。想到這裡，不覺已經到了天安門外第三十九個帳篷的面前，要再回過和他們說，也來不及了。晚上坐在家裡，回想下午的事，似乎又氣又喜。氣的是自己沒用，不和騎馬的人說理，喜的是僥倖沒有被馬踏壞。於是提起筆來，寫這一篇做個紀念。從前中國文人遇到一番危險，事後往往做一篇什麼思痛記或虎口餘生記之類。我這一回雖然算不得什麼了不得的大事，但在我卻是初次。我從前在外國走路，也不曾受過兵警的呵叱驅逐，至於性命交關的追趕，更是沒有遇著過。如今在本國的首都卻吃了這一大驚嚇，真是出人『意表之外』，所以不免大驚小怪，寫了這許多話。可是我絕不悔此一行，因為這一回所得的教訓與覺悟比所受的侮辱更大。」

這篇文章寫的並不怎麼的精采，只是裝痴假呆的說些諷刺話，可是不意從相反的方面得到了賞音，因為警察廳注意《每週評論》，時常派人到編輯處去查問，有一天他對守常說道：「你們的評論不知怎麼總是不正派，有些文章看不出毛病來，實際上全是要不得。」據守常說，所謂有些文章即是指的那篇《遇馬隊記》，看來那騎在馬上的人也隔衣覺著針灸了吧。

小河與新村上

民國八年（一九一九）一月裡，我做了一首新詩，題云「小河」。同年七月我到日本去，順便一看日向地方的「新村」。這兩件事情似乎很有連帶的關係，所以一起寫在這裡，題作「小河與新村」。

我寫「新詩」，是從民國七年才開始的，所以經驗很淺，寫那樣的長篇實在還是第一次，而且也就是第末次了，因為我寫的稍長的詩實在只有這一篇。現在先來做一回文抄公，把那首詩完全抄在這裡吧。

一條小河，穩穩的向前流動。
經過的地方，兩面全是烏黑的土，
生滿了紅的花，碧綠的葉，黃色的果實。
一個農夫背了鋤來，在小河中間築起一道堰。
下流乾了，上流的水被堰攔著，下來不得，
不得前進，又不能退回，水只在堰前亂轉。
水要保他的生命，總須流動，便只在堰前亂轉。
堰下的土，逐漸淘去，成了深潭。
水也不怨這堰，——便只是想流動，

想同從前一樣，穩穩的向前流動。
一日農夫又來，土堰外築起一道石堰。
土堰坍了，水衝著堅固的石堰，還只是亂轉。

*　　*　　*

堰外田裡的稻，聽著水聲，皺著眉說道：
「我是一株稻，是一株可憐的小草，
我喜歡水來潤澤我，
卻怕他在我身上流過。
小河的水是我的好朋友，
他曾經穩穩的流過我的面前，
我對他點頭，他向我微笑。
我願他能夠放出了石堰，
仍然穩穩的流著，
向我們微笑，
曲曲折折的盡量向前流著，
經過的兩面地方，都變成一片錦繡。
他本是我的好朋友，

只怕他如今不認識我了，
他在地裡底呻吟，
聽去雖然微細，卻又如何可怕！
這不像我朋友平日的聲音，
被微風攙著走上沙灘來時
快活的聲音。
我只怕他這回出來的時候，
不認識從前的朋友了，——
便在我身上大踏步過去。
我所以正在這裡憂慮。」
田邊的桑樹，也搖頭說：
「我長的高，能望見那小河，——
他是我的好朋友，
他送清水給我喝，
使我能生肥綠的葉，紫紅的桑葚。
他從前清澈的顏色，
現在變了青黑，
又是終年掙扎，臉上添出許多痙攣的皺紋。

他只向下鑽，早沒有工夫對了我點頭微笑。
堰下的潭，深過了我的根了。
我生在小河旁邊，
夏天曬不枯我的枝條，
冬天凍不壞我的根。
如今只怕我的好朋友，
將我帶倒在沙灘上，
拌著他帶來的水草。
我可憐我的好朋友，
但實在也為我自己著急。」
田裡的草和蝦蟆，聽了兩個的話，
也都嘆氣，各有他們自己的心事。

＊　　＊　　＊

水只在堰前亂轉。
堅固的石堰，還是一毫不搖動。
築堰的人，不知到哪裡去了。

（一月二十四日）

小河與新村中

事隔三十五年，在民國甲申（一九四四）的九月，我抄了廿四首「弗入調」（方言「弗入調」兼有不遵規則及無賴的意思）的舊詩，題曰「苦茶庵打油詩」，在雜誌上發表了。篇末有一段話，涉及《小河》，現在也可以抄了來，做個說明。

「這些以詩論當然全不成，但裡邊的意思總是確實的，所以如只取其述懷，當作文章看，亦未始不可，只是意稍隱曲而已。我的打油詩本來寫得很是拙直，只要第一不當作遊戲話，意思極容易看得出，大約就只有憂與懼耳。孔子說，仁者不憂，勇者不懼。吾儕小人誠不足與語仁勇，唯憂生憫亂，正是人情之常，而能懼思之人亦復為君子所取，然則知憂懼或與知慚愧相類，未始非人生入德之門乎。從前讀過《詩經》，大半都已忘記了，但是記起幾篇來時，覺得古時詩人何其那麼哀傷，每讀一過令人不歡。如王風裡的《黍離》云，知我者謂我心憂，不知我者謂我何求，悠悠蒼天，此何人哉。其心理狀態則云中心搖搖，終乃如醉以至如噎。又《兔爰》云，我生之初，尚無為，我生之後，逢此百罹，尚寐無吪。小序說明原委，則云君子不樂其生。幸哉我們尚得止於憂懼，這裡總還有一點希望，若到了哀傷則一切已完了矣。大抵憂懼的分子在我的詩文裡由來已久，最好的例是那篇《小河》，民國八年所作的新詩，可以與二十年後的打油詩做一個對照。這是民八的一月廿四日所作，登載在《新青年》上，共有五十七行，當時覺得有點別緻，頗引起好些注意。或者在形式上可以說，擺脫了詩詞歌賦的規律，完全用語體散文來寫，這是一種新表現，誇獎的話只能說到這裡為止，至於內容那實在是很舊的，假如說明瞭的時候，簡直可以說這是新詩人所大抵不屑為的，一句話就是那種古老的憂懼。這本是中國舊詩人的傳統，不過不幸他們多是事後的哀傷，我們還算好一點的是將來的憂慮。其次是形式也就不是直接的，而用了譬喻，其實外國民歌中很多這種方式，便是在中國，《中山狼傳》中的老牛老樹也都說話，所以說到底連形式也並不是什麼新的東西。鄙人是中國東南水鄉的人民，對於水很有情分，可是也十分知道水的利害，《小河》的題材即由此而出。古人云，民猶水也，水能載舟，亦能覆舟。法國路易十四云，朕等之後有洪水來。其一戒懼如周公，其一放肆如隋煬，但二者的話其歸趨則一，是一樣的可怕。把這類意思裝到詩裡去，是做不成好詩來的，但這是我誠懇的意思，所以隨時得有機會便想發表，自《小河》起，中間經過好些詩文，以至《中國的思想問題》，前後二十餘年，就只是這兩句話，今昔讀者或者不接頭亦未可知，自己則很是清楚，深知老調無變化，令人厭聞，唯不可不說實話耳。打油詩本不足道，今又為此而有此一番說明，殊有唐喪時日之感，故亦不多贅矣。」

這些詩裡邊有第十五首，情調最是與《小河》相近，不過那是借種園人的口氣，不再是譬喻罷了。原詩云：

野老生涯是種園，閒銜煙管立黃昏。
豆花未落瓜生蔓，悵望山南大水雲。

原注，「夏中南方赤雲瀰漫，主有水患，稱日大水雲。」這裡夏天六月有大水雲的時候，什麼瓜才生蔓，什麼豆花未落，這些都不成題，只是說瓜豆尚未成熟，大水即是洪水的預兆就來了，種園的人只表示他的憂慮而已。這是一九四二年所作，再過五六年北京就解放了，原來大革命的到來極是自然順利，俗語所謂「瓜熟蒂落」，這又比作婦人的生產，說這沒有像想像的那麼難，那麼這些憂懼都是徒然的了。不過這乃是知識階級的通病，他們憂生憫亂，叫喊一起，但是古今情形不同，昔人的憂懼後來成為事實，的確成為一場災難，現在卻是因此得到解救，正如經過一次手術，反而病去身輕了。

小河與新村下

民國八年我們決定移家北京，我遂於四月告假先回紹興，將在那裡的家小——妻子和子女一共四人，送往日本東京的母家歸寧，還沒有來得及去逛上野公園，聽見「五四」的訊息，趕緊回北京來，已經是五月十八日了。到了七月二日，又從塘沽乘船出發，去接她們回來，六日上午到日本門司港，坐火車迂道到日向的福島町，至石河內，參觀「新村」。

這「新村」是什麼樣的東西呢？原來這乃是武者小路實篤所發起的一種理想主義的社會運動，他本是白樺派的一個人，從一九一〇年四月開始，刊行雜誌，提倡人生的文學。當時日本文學上自然主義已經充分發展，那種主張對於人生不求解決，便不免發生一種厭倦與悲觀的空氣，他們為的不滿意於這樣現象，所以傾向於一種新的理想，籠統的說一句可以說是人道主義的吧。他們都很受俄國托爾斯泰，陀思妥也夫斯基的影響，武者小路是這派的領袖，尤其佩服托爾斯泰晚年的「躬耕」，從理想轉變成現實，這便是所謂「新村」了。他最初在雜誌發揮他的主張，後來看見同志的青年逐漸增多，就來著手組織實行，一九一八年在日向兒湯郡地方買了若干畝田地，建立了第一個新村。第二年七月間我去訪問的，便是這個「新村」了。

我首先引用幾節武者小路的說話，來說明這新村的理想是什麼。他在《新村的生活》裡說：

「新時代應該來了。無論遲早，世界的革命總要發生，這便因為要使世間更為合理的緣故，使世間更為自由，更為個人的，又更為人類的——的緣故。」這裡儼有一種預言者的態度，很有些宗教氣，似乎是受了托爾斯泰的影響，那是很顯明的事。他又說道：

「對於這將來的時代，不先預備，必然要起革命。怕懼革命的人，除了努力使人漸漸實行人的生活以外，別無方法。」新村的運動便在提倡實行這「人的生活」，順了必然的潮流，建立新社會的基礎，以免將來的大革命，省去一次無用的破壞損失。但是怎樣才是人的生活呢，用他自己的話來說，「各人先盡了人生必要的勞動的義務，再將其餘的時間，做各人自己的事。」這就是「各盡所能，各取所需」的社會主義的理想，但他覺得這可以和平的獲得，這是他的主張特別的地方。他說：

「我極相信人類，又覺得現在制度存立的根基，非常的淺，只要大家都真望著這樣社會出現，人類的運命便自然轉變。」他又說：

「我所說的事，即使現在不能實現，不久總要實現的，這是我的信仰。但這種社會的造成，是將用暴力得來呢，還是不用暴力呢？那須看那時的個人進步的程度如何了。現在的人還有許多惡德，與這樣的社會不相適合。但與其說惡，或不如說是不明更為切當。他們怕這樣的社會，彷彿地老鼠怕見日光。他們不知道這樣的社會來了，人類才能得到幸福。」這裡更明白揭示出「信仰」這兩個字來了，所以我們無妨總結的斷一句說，這「新村」的理想裡面確實包含著宗教的分子，不過所信奉的不是任何一派的上帝，而是所謂人類，反正是空虛的一個概念，與神也相差無幾了。普通空想的共產主義多是根據托爾斯泰的無抵抗主義，相信人性本善，到頭終有覺悟的一天，這裡武者小路更稱共產主義的生活乃是人類的意志，雖然還是有點渺茫，但總比說是神意要好得多。新村的理想現在看來是難以實現，可是那時創始者的熱心毅力是相當可以佩服的，而且那種期待革命而又懷憂慮的心情於此得到多少的慰安，所以對於新村的理論在過去時期我也曾加以宣揚，這就正是做那首《小河》的詩的時代。那時登在《新潮》九月號的《訪日本新村記》，是一篇極其幼稚的文章，處處現出宗教的興奮來，如在高城地方遇見村裡來接的橫井和齋藤二人的時候，說道：

「我自從進了日向已經很興奮，此時更覺感動欣喜，不知怎麼說才好，似乎平日夢想的世界已經到了，這兩人便是首先來通告的。現在雖然仍在舊世界居住，但即此部分的奇蹟，已能夠使我信念更加堅固，相信將來必有全體成功的一日。我們常說同胞之愛，卻多未曾感到同類之愛，這同類之愛的理論，在我雖也常常想到，至於經驗，卻是初次。新村的空氣中，便只充滿這愛，所以令人融醉，幾於忘返，這真可說是不奇的奇蹟了。」我自己承認是范縝的神滅論者，相信人只有形體，沒有精神可以離形體而獨存，至於上帝與神更是不在話下了。可是儘管如此相信，卻有時也要表現出教徒那種熱心，或者以為宗教雖是虛妄，但在某種時地也是有用，有時也還要這樣的想，大概到了一九二四年的春天，發表了那篇「教訓的無效」之後，才從這種迷妄裡覺醒過來吧。

文學與宗教

「五四」運動是民國以來學生的第一次政治運動，因了全國人民的支援，得了空前的勝利，一時興風作浪的文化界的反動勢力受了打擊，相反的新勢力俄然興起，因此隨後的這一個時期，人家稱為「新文化運動」的時代，其實是也很確當的。在這個時期，我憑了那時浪漫的文藝思想，在做文學活動，這所謂浪漫的思想第一表現在我給《每週評論》所寫而後來發表在《新青年》上的一篇《人的文學》裡邊。雖然我因為考慮婦人問題，歸結到「女人的自由到底須以社會的共產制度為基礎，只有那種制度，才能在女子為母的時候供給養活她，免得去倚靠男子專制的意志過活」（一九一八年十月論《愛的成年》），但是文學上所講到的，還是很空洞的人類。這不只是《人的文學》是如此，便是在一九二〇年我給少年中國學會講演的《新文學的要求》，也是那樣的說法，結末處云：

「這新時代的文學家是偶像破壞者，但他還有他的新宗教，——人道主義的理想是他的信仰，人類的意志便是他的神。」我給少年中國學會先後講演過三次，都是鄧仲澥（後來改號中夏）高君宇二君來叫我去的，末後兩次不記得是講什麼了，但大抵總是這一類的話吧。我除了寫些評論之外，尤著力於翻譯外國「弱小民族」的作品，在民國以前結集在《域外小說集》裡，民國七八年在《新青年》發表的結集為《點滴》——後來改稱為「空大鼓」，其後在《小說月報》發表的則編為《現代小說譯叢》，始終是一貫的態度。當時我在《點滴》的序文上說，新潮社的傅斯年羅家倫兩人說在這裡有特別的兩點，要我特加說明，這便是一直譯的文體，二人道主義的精神，因此在初板時曾將《人的文學》一篇附錄在後邊，再板時這才撤去了。關於第一點我卻仍然堅持，在原序中有一節道：

「我以為此後譯本，應當竭力儲存原作的風氣習慣，語言條理，最好是逐字譯，不得已也應逐句譯，寧可中不像中，西不像西，不必改頭換面。但我毫無才力，所以成績不良，至於方法卻是最為適當。」

現在不敢說方法一定是正確，因為事實上可能有具備「信達雅」這三樣條件的，我只說自己才力不及，所以除直譯之外別無更好的方法了。

我的文學活動的第二件，是在燕京大學文學會所講演的《聖書與中國文學》。這是一九二〇年十一月廿一至廿七日所寫成，至三十日晚間在盔甲廠的一間小講堂裡所講，這當然因為是教會大學的緣故，所以選擇了那樣的題目，但裡邊所說的話卻是我真實的意思，不是專為應酬教會而說的。從前在南京學堂讀書的時候，就聽前輩胡詩廬說，學英文不可不看聖書，因為那「欽定」譯本是有名的，所以我雖不是基督徒，也在身邊帶著一冊《新舊約全書》，曾經有過一個時候還想學了希臘文來重譯《新約》，至少也把四福音書改寫成上好的古文。後來改譯的興趣已經是沒有了，覺得它官話的譯本已是很好，而且有些地方還可以作現在的參考，一方面當作文學作品來看，也是很有益的，特別是《舊約》裡的抒情和感想部分，如《雅歌》，《傳道書》和《箴言》等。我的講演從形式與精神兩點上，來講它和中國文學的關係，很從思想方面把人道主義和基督教牽連在一起，這方面結論上說：

「近代文藝上人道主義思想的源泉，一半便在這裡，我們要想理解托爾斯泰，陀思妥也夫斯奇的愛的福音之文學，不得不從這源泉上來注意考察。」不但是講文學時是這樣說，就是在別的泛論中國事情的時候，也曾經有這樣的意見，彷彿覺得基督教是有益於中國似的。一九二一年的夏天，我在北京西山養病，寫有幾段《山中雜信》寄給孫伏園，那時報紙還沒有「副刊」這東西，那幾封便發表在《晨報》的第五板上。第六段是九月三日寫的，裡邊說看見英斂之所著的《萬松野人言善錄》的感想道：

「我老實說，對於英先生的議論未能完全贊同，但因此引起我陳年的感慨，覺得要一新中國的人心，基督教實在是很適宜的。極少數的人能夠以科學藝術或社會的運動去替代宗教的要求，但在大多數是不可能的。我想最好便以能容受科學的一神教把中國現在的野蠻殘忍的多神教打倒，民智的發達才有點希望。」但是這實在能有什麼用呢？三年以後在什麼書上見到史賓賽給友人的信裡說道德教訓的無用，有這幾句話道：

「在宣傳了愛之宗教將近二千年之後，憎之宗教還是很占勢力，歐洲住著二萬萬的外道，假裝著基督教徒，如有人願望他們照著他們的教旨行事，反要被他們所辱罵。」這時我對於宗教可以利用的這種迷信方才打破了。上面已經說過，本來我是不信宗教的，也知道宗教乃是鴉片，但不知怎的總還有點迷戀鴉片的香氣，以為它有時可以醫病，以無信仰的人替宗教作辯護，事實上是有點矛盾也很是可笑的，那時對於非宗教運動的抗議，便是一例。但是這個矛盾，到了一九二七年也就取消，那時主張說：

「假如這不算是積極的目的，現在來反對基督教，只當作反帝國主義的手段之一，正如不買英貨等的手段一樣，那可是另一問題，」也是可以做的一種事了。關於文學的迷信，自己以為是懂得文藝的，這在「自己的園地」的時代正是頂熱鬧，一直等到自己覺悟對於文學的無知，宣告文學店關門，這才告一結束。

在一九二〇年我又開始——這說是開始，或者不如說是復活更是恰當，一種特別的文學活動，這便是此處所說的兒童文學與歌謠。民國初年我因為讀了美國斯喀特爾（Scudder）麥克林托克（Maclintock）諸人所著的《小學校裡的文學》，說明文學在小學教育上的價值，主張兒童應該讀文學作品，不可單讀那些商人杜撰的讀本，讀完了讀本，雖然說是識字了，卻是不能讀書，因為沒有養成讀書的趣味。我很贊成他們的意見，便在教書的餘暇，寫了幾篇《童話研究》，《童話略論》這類的東西，預備在雜誌上發表。那時中國模仿日本已經發刊童話了，我想這一類的文章或者也還適用吧，便寄給中華書局編輯部去看，當然並不敢希望得到報酬，說明只願發表後得有一年分的《中華教育界》就好了，——結果卻說那篇《童話略論》不甚合用，退了回來，後來寄給魯迅，承他連同《童話研究》都登在教育部月刊中了。這是民國二年（一九一三）的事情，自然是用文言所寫的，在第二年裡又用文言寫了《兒歌之研究》和《古童話釋義》，登在《紹興縣教育會月刊》上，反正是拿去湊篇幅的，也不見有人要看，所以也不繼續寫下去了。但是還沒有全然的斷念，心想本地的兒歌或者還有人感到興趣吧，說不定可以蒐集一點，於是便在第二年的一月號《月刊》上登載了這樣的一個啟事：

「作人今欲採集兒歌童話，錄為一編，以存越國土風之特色，為民俗研究，兒童教育之數據。即大人讀之，如聞天籟，起懷舊之思，兒時釣遊故地，風雨異時，朋儕之嬉遊，母姊之話言，猶景象宛在，顏色可親，亦一樂也。第茲事繁重，非一人才力所能及，尚希當世方聞之士，舉其所知，曲賜教益，得以有成，實為大幸。」這個廣告登後經過了幾個月，總算有一個同志送來了一篇兒歌，沒有完全辜負發起人的意思，但是這徵集兒歌的一件事不能不就此結束了。

我來到北京以後，適值北京大學的同人在方巾巷地方創辦孔德學校，——平常人家以為是提倡孔家道德，其實卻是以法國哲學家為名，一切取自由主義的教育方針，自小學至中學一貫的新式學校，我也被學校的主持人邀去參加，因此又引起了我過去的興趣，在一九二〇年十一月二十六日乃在那裡講演了那篇《兒童的文學》。這篇文章的特色就只在於用白話所寫的，裡邊的意思差不多與文言所寫的大旨相同，並沒有什麼新鮮的東西，大意只在說明兒童的特殊狀況，不應當用了大人的標準去判斷他。這裡分作兩點說道：

「第一，我們承認兒童有獨立的生活，就是說他們內面的即精神的生活與大人們不同，我們應當客觀的理解他們，並加以相當的尊重。

第二，我們又知兒童的生活，是轉變的生長的。因為這一層，所以我們可以放膽供給兒童需要的歌謠故事，不必愁它有什麼壞的影響，但因此我們更須細心斟酌，不要使他停滯，脫了正當的軌道。」譬如兒童相信貓狗能說話的時候，我們便同他講貓狗說話的故事，不但要使得他們喜歡，也因為知道這過程是跳不過的，——然而又自然的會推移過去的，所以相當的對付了，等到兒童要知道貓狗是什麼東西的時候到來，我們再可以將生物學的知識供給他們。我這樣的說，彷彿是什麼新發見似的，其實是「古已有之」的話，在一千幾百年前印度的《大智度論》裡已經說過類似的話道：

「爾時菩薩大歡喜作是念，眾生易度耳，所以者何，眾生所著皆是虛誑無實。譬如人有一子，喜在不淨中戲，聚土為谷，以草木為鳥獸，而生愛著，人有奪者，瞋恚啼哭，其父知已，此子今雖愛著，此事易離耳。小大自休。何以故，此物非真故。」印度哲人真是了不起，「小大自休」一語有多少斤兩，說明兒童的特質，與中國從前的教育家生怕兒童聽了貓狗講話的故事，便會到老相信貓狗能說話的，真不可同日而語了。

民國七年北京大學開始徵集歌謠，是由劉半農錢玄同沈尹默諸人主持其事，後來他們知道我也有這興趣，便拉我參加這個工作。當初在簡章上規定入選歌謠的資格，其三是「征夫野老遊女怨婦之辭，不涉淫褻而自然成趣者」，但是其後考慮我提出的意見，加以擴大，於十一年（一九二二）發行《歌謠週刊》，改定章程，第四條寄稿人注意事項之四云：

「歌謠性質並無限制，即語涉迷信或猥褻者亦有研究之價值，當一併錄寄，不必先由寄稿者加以甄擇。」在《週刊》的發刊詞中亦特別宣告道：

「我們希望投稿者盡量的錄寄，因為在學術上是無所謂卑猥或粗鄙的。」但是徵集的結果還是一樣，在這一年之內仍舊得不到這種難得的東西。在《歌謠週刊》的一週年紀念特刊上，我特地寫了一篇《猥褻的歌謠》，對於這事稍作說明，隨後還和錢玄同與《歌謠》的編輯人常維鈞（惠）商量，用三個人的名義共同發起，專門徵集猥褻性質的歌謠故事，我個人所收到的部分便很不少，足有一抽鬥之多，但是這些在國民黨劫收之餘已幾乎散失了，目下只剩了河南唐河和山東壽光的一點寄稿，——玄同已久歸道山，維鈞還時常會見，但也沒有勇氣去和他談當日的事了。至於普通的地方歌謠，我在民國初年曾抄錄有一個稿本，計從范嘯風的《越諺》中轉抄下來，也經過自己的實驗的，有五十五篇，由我個人親自蒐集的有七十三篇，此外是別人所記錄，雖然沒有聽到過，也是靠得住的，有八十五篇，一總計有二百二十三首，略為註解，編成了一卷《紹興兒歌集》，於一九五八年冬天才算告成，但是這種傳統的舊兒歌沒有出版的機會，所以也只是擱著就是了。

在病院中

民國九年（一九二〇）我很做了些文學的活動，十一月廿三日下午到東城萬寶蓋衚衕（俗語是王八蓋）的耿濟之君家裡開會，大約記得是商量組織「文學研究會」的事情，大家叫我擬那宣言，我卻沒有存稿，所以記不得是怎麼說了，但記得其中有一條，是說這個會是預備作為工會的始基，給文學工作者全體聯絡之用，可是事實正是相反，設立一個會便是安放一道門檻，結果反是對立的起頭，這實在是當初所不及料的了。到了十二月廿二日下午往大學赴歌謠研究會，至五時散會，晚間覺得很是疲倦，到廿四日便覺得有點發熱，次日發熱三十八度三分，而且咳嗽，廿九日去找醫生診視，據說是肋膜炎，於是這一下子便臥病至大半年之久，到九月裡方才好起來，現在且把養病中間的事情來一說吧。

我當初在家中養病，到了三月初頭，病好得多了，於是便坐了起來，開始給《婦女雜誌》做文章，這是頭一年裡所約定的，須得趕快交卷才好，題目是「歐洲古代文學上的婦女觀」，結果努力寫了幾天，總算完成了前半篇，是說希伯來思想與希臘思想的，第三節乃是說中古的傳奇思想，還沒有來得及寫，但是病勢卻因而惡化，比起初更是嚴重了，遂於三月廿九日移往醫院，一直住了兩個月，於五月三十一日這才出院，六月二日往西山的碧雲寺般若堂裡養病，至九月廿一日乃下山來回到家裡。我這回生病計共有九月之久，最初的兩月是在家裡，沒有什麼可以說的，第二段是在醫院中的四五兩月，第三段是在西山的六至九凡四個月，這裡所記述的便是那後邊這兩段的事情。

在醫院裡的時候，因為生的病是肋膜炎，是胸部的疾病，多少和肺病有點關係，到了午後就熱度高了起來，晚間幾乎是昏沉了，這種狀態是十分不舒服的，但是說也奇怪，這種精神狀態卻似乎於做詩頗相宜，在疾苦呻吟之中，感情特別銳敏，容易發生詩思。我新詩本不多做，但在詩集裡重要的幾篇差不多是這時候所作。有一篇作為詩集的題名的，叫做「過去的生命」，便是「四月四日在病院中」做的，其詞云：

「這過去的我的三個月的生命，哪裡去了？
沒有了，永遠的走過去了！
我親自聽見他沉沉的緩緩的，一步一步的，
在我床頭走過去了。
我坐起來，拿了一枝筆，在紙上亂點，
想將他按在紙上，留下一些痕跡，——
但是一行也不能寫，
一行也不能寫。
我仍是睡在床上，
親自聽見他沉沉的緩緩的，一步一步的，
在我床頭走過去了。」

這詩並沒有什麼好處，但總是根據真情實感，寫了下來的，所以似乎還說得過去，當時說給魯迅聽了，他便低聲的慢慢的讀，彷彿真覺得東西在走過去了的樣子，這情形還是宛然如在目前。解放以前，做了好些寒山子體的打油詩，一九四六年編為「知堂雜詩」一卷，題記中有一節云：

「丁亥所作《修禊》一詩中，述南宋山東義民吃人臘往臨安，有兩句云，猶幸制燻臘，咀嚼化正氣。可以算是打油詩中之最高境界，自己也覺得彷彿是神來之筆，如用別的韻語形式去寫，便絕不能有此力量，倘想以散文表出之，則又所萬萬不能者也。關於人臘的事，我從前說及了幾回，可是沒有一次能這樣的說得決絕明快，雜詩的本領可以說即在這裡，即此也可以表明它之自有用處了。我從前曾說過，平常喜歡和淡的文章思想，但有時亦嗜極辛辣的，有掐臂見血的痛感，此即為我喜歡那『英國狂生』斯威夫德之一理由，上文的發想或者非意識的由其《育嬰芻議》中出來亦未可知，唯索解人殊不易得，昔日魯迅在時最能知此意，今不知尚有何人耳。」上邊所說，或者不免有「自畫自讚」和「後台喝采」之嫌，但是我這裡是有些證據的，請看《魯迅全集》裡的書簡，有一九三四年四月三十日給曹聚仁的信說：

「周作人自壽詩誠有諷世之意，然此種微詞已為今之青年所不憭解，群公相和則多近於肉麻，於是火上添油，遽成眾矢之的，而不作此等攻擊文字，此外近日亦無可言。此亦『古已有之』，文人美女必負亡國之責，近似亦有人覺國之將亡，已在卸責於清流或輿論矣。」又五月六日給楊霽雲的信說：

「至於周作人之詩，其實是還藏些對於現狀的不平的，但太隱晦，已為一般讀者所不憭，加以吹擂太過，附和不完，致使大家覺得討厭了。」對於我那不成東西的兩首歪詩，他卻能公平的予以獨自的判斷，特別是在我們「失和」十年之後，批評態度還是一貫，可見我上邊的話不全是沒有根據的了。魯迅平日主張「以眼還眼，以牙還牙」，不會對於任何人有什麼情面，所以他這種態度是十分難得也是很可佩服的，與專門「挑剔風潮」，興風作浪的胡風等輩，相去真是不可以道裡計了。

西山養病

我於六月二日搬到西山碧雲寺裡，所租的屋即在山門裡邊的東偏，是三間西房，位置在高台上面，西牆外是直臨溪谷，前面隔著一條走路，就是一個很高的石台階，走到寺外邊去。這般若堂大概以前是和尚們「掛單」的地方，那裡東西兩排的廂房原來是「十方堂」，這塊大木牌還掛在我的門口，但現在都已租給人住，此後如有遊方僧到來，除了請到羅漢堂去打坐以外，已經沒有地方可以安頓他們了。我把那西廂房一大統間布置起來，分作三部分，中間是出入口，北頭作為臥室，擺一頂桌子算是書房了，南頭給用人王鶴招住，後來有一個時期，母親帶了她的孫子也來山上玩了一個星期，就騰出來暫時讓給她用了。

我住在西山前後有五個月，一邊養病，一邊也算用功，但是這並不是什麼重要的工作，主要的只是學習世界語，翻譯些少見的作品，後來在《小說月報》上發表的從世界語譯出的小說，即是那時的成績，可是更重要的乃是後來給愛羅先珂做世界語講演的翻譯，記得有一篇是《春天與其力量》，說得空靈巧妙，覺得實在不錯。所以在這養病期間，也著實寫了不少的東西，在五月與九月之間一總給孫伏園寫了六回的《山中雜信》，目的固然在於輕鬆滑稽，但是事實上不得做到，仍舊還回到煩雜的時事問題上來。如六月廿九日第三回的雜信上說：

「但是我在這裡不能一樣的長閒逸豫，在一日裡總有一個陰鬱的時候，這便是下午清華園的郵差送報來後的半點鐘。我的神經易於激動，病後更甚，對於略略重大的問題稍加思索，便很煩躁起來，幾乎是發熱狀態，因常十分留心避免。但每天的報裡總是充滿著不愉快的事情，見了不免要起煩惱。或者有人說，既然如此，不看豈不好麼？但我又捨不得不看，好像身上有傷的人，明知觸著是很痛的，但有時仍是不自禁的要用手去摸，感到新的劇痛，保留他受傷的意識。但苦痛究竟是苦痛，所以也就趕緊丟開，去尋求別的慰解。我此時放下報紙，努力將我的思想遣發到平常所走的舊路上去，——回想近今所看書上的大乘菩薩布施忍辱等六度難行，淨土及地獄的意義，或者去搜求遊客及和尚們的軼事，我也不願再說不愉快的事，下次還不如仍同你講他們的事情吧。」

所謂不愉快的事情大抵是中國的內政問題，這時大家最注意的是政府積欠教育經費，各校教員大舉索薪，北京大學職教員在新華門前被軍警毆傷事件了。事情出在六月上旬，事後政府發表命令，說教員自己「碰傷」，這事頗有滑稽的意味，事情是不愉快，可是大有可以做出愉快的文章的機會，我便不免又發動了流氓的性格，寫了一篇短文，名字便叫做「碰傷」，用了子嚴的筆名，在六月十日的《晨報》第五板上登了出來，原文云：

「我從前曾有一種計劃，想做一身鋼甲，甲上都是尖刺，刺的長短依照猛獸最長的牙更加長二寸。穿了這甲，便可以到深山大澤裡自在遊行，不怕野獸的侵害。他們如來攻擊，只消同毛慄或刺蝟般的縮著不動，他們就無可奈何，我不必動手，使他們自己都負傷而去。

佛經裡說蛇有幾種毒，最利害的是見毒，看見了它的人便被毒死。清初周安士先生注《陰騭文》，說孫叔敖打殺的兩頭蛇，大約即是一種見毒的蛇，因為孫叔敖說見了兩頭蛇所以要死了。（其實兩頭蛇或者同貓頭鷹一樣，只是凶兆的動物罷了。）但是他後來又說，現在湖南還有這種蛇，不過已經完全不毒了。

我小的時候，看唐代叢書裡的《劍俠傳》，覺得很是害怕。劍俠都是修煉得道的人，但脾氣很是不好，動不動便以飛劍取人頭於百步之外。還有劍仙，更利害了，他的劍飛在空中，只如一道白光，能夠追趕幾十里路，必須見血方才罷休。我當時心裡祈求不要遇見劍俠，生怕一不小心得罪他們。

近日報上說有教職員學生在新華門外碰傷，大家都稱咄咄怪事，但從我這古式浪漫派的人看來，一點都不足為奇。在現今的世界上，什麼事都能有。我因此連帶的想起上邊所記的三件事，覺得碰傷實在是情理所能有的事。對於不相信我的浪漫說的人，我別有事實上的例證，舉出來給他們看。

三四年前，浦口下關間渡客的一隻小輪，碰在停泊江心的中國軍艦的頭上，立刻沉沒，據說旅客一個都不失少。（大約上船時曾經點名報數，有帳可查的。）過了一兩年後，一隻招商局的輪船，又在長江中碰在當時國務總理所坐的軍艦的頭上，隨即沉沒，死了若干沒有價值的人。年月與兩方面的船名，死者的人數，我都不記得了，只記得上海開追悼會的時候，有一副輓聯道，未必同舟皆敵國，不圖吾輩亦清流。

因此可以知道，碰傷在中國是常有的事，至於責任當然完全由被碰的去負擔。譬如我穿有刺鋼甲，或是見毒的蛇，或是劍仙，有人來觸，或看，或得罪了我，那時他們負了傷，豈能說是我的不好呢？又譬如火可以照暗，可以煮飲食，但有時如不吹熄，又能燒屋傷人，小孩不知道這些方便，伸手到火邊去，燙了一下，這當然是小孩之過了。

聽說這次碰傷的緣故，由於請願。我不忍再來責備被碰的諸君，但我總覺得這辦法是錯的。請願的事，只於現今的立憲國裡，還暫時勉強應用，其餘的地方都不通用的了。例如俄國，在一千九百零幾年，曾因此而有軍警在冬宮前開炮之舉，碰的更利害了，但他們也就從此不再請願了。……我希望中國請願也從此停止，各自去努力罷。」

我這篇文章寫的有點彆扭，或者就是晦澀，因此有些讀者就不大很能懂，並且對於我勸阻向北洋政府請願的意思表示反對，發生了些誤會。但是那種彆扭的寫法卻是我所喜歡的，後來還時常使用著，可是這同做詩一樣，需要某種的刺激，使得平凡的意思發起酵來，這種機會不是平常容易得到的，因此也就不能多寫了。

瑣屑的因緣

一九二〇年毛子龍做北京女子高等師範學校的校長，叫錢秣陵送聘書來，去那裡講歐洲文學史，這種功課其實是沒有用的，我也沒有能夠講得好，不過辭謝也不聽，所以也就只得去了。其時是女高師，講義每小時給三塊錢，一個月是二十七元，生病的時候就白拿了大半年的錢，到了新學年開始這才繼續去上學，但是那裡的情形卻全然忘記了。後來許季茀繼任校長，我又曾經辭過一次，仍是沒有能準，可是他自己急流勇退，於改成女子師範大學的時候，卻讓給了楊蔭榆，以為女學校的校長以女子為更適宜，她才從美國回來，自然更好了，豈料女校長治校乃以阿婆自居，於是學生成了一群孤苦伶零的「童養媳」，（根據魯迅的考證）引起了很嚴重的問題，這時因為我尚在女師大，所以也牽連在內。還有一件事也是發生在一九二〇年裡，北大國文系想添一樣小說史，系主任馬幼漁便和我商量，我一時也麻胡的答應下來了，心想雖然沒有專弄這個問題，因為家裡有那一部魯迅所輯的《古小說鉤沉》，可以做參考，那麼上半最麻煩的問題可以解決了，下半再敷衍著看吧。及至回來以後，再一考慮覺得不很妥當，便同魯迅說，不如由他擔任了更是適宜，他雖然躊躇可是終於答應了，我便將此意轉告系主任，幼漁也很贊成，查魯迅日記，在一九二〇年八月六日項下，記著「馬幼漁來，送大學聘書」，於是這一事也有了著落。家裡適值有一本一九二二年的中國文學系課程指導書，裡邊文學分史列著「詞史，二小時，劉毓盤，戲曲史，二小時，吳梅，小說史，二小時，周樹人」，我的功課則是歐洲文學史三小時，日本文學史二小時，用英文課本，其餘是外國文學書之選讀，計英文與日本文小說各二小時，這項功課還有英文的詩與戲劇及日本文戲劇各二小時，由張黃擔任，張黄原名張定璜，字鳳舉，這人與北大同人的活動也很有關係，在這裡特預先說明一句。

這一年裡在我還發生了一件重大的事情，便是擔任燕京大學的新文學的功課，一直蟬聯有十年之久，到一九三八年還去做了半年的「客座教授」，造成很奇妙的一段因緣。講起遠因當然是在二年前的講演，那時因瞿菊農來拉，前往燕京文學會講點什麼，其時便選擇了「聖書與中國文學」這個題目，這與教會學校是頗為合適的。後來因時勢的要求，大約想設立什麼新的課目，前去和胡適之商量，他就推薦我去，這是近因。一九二二年三月四日我應了適之的邀約，到了他的住處，和燕京大學校長司徒雷登與劉廷芳想見，說定從下學年起擔任該校新文學系主任事，到了六日接到燕大來信，即簽定了合約，從七月發生效力。內容是說擔任國文系內的現代國文的一部分，原來的一部分則稱為古典國文，舊有兩位教員，與這邊沒有關係，但是現代國文這半個系只有我一個人，唱獨腳戲也是不行，學校裡派畢業生許地山來幫忙做助教，我便規定國語文學四小時，我和許君各任一半，另外我又設立了三門功課，自己擔任，彷佛是文學通論，習作和討論等類，每星期裡分出四個下午來，到燕大去上課。我原來只是兼任，不料要我做主任，職位是副教授，月薪二百元，上課至多十二小時，這在我是不可能，連許地山的一總只是湊成十小時，至於地位薪資那就沒有計較之必要。其實教國文乃是我所最怕的事，當年初到北大，蔡校長叫我教國文，曾經堅決謝絕，豈知後來仍舊落到這裡邊去呢？據胡適之後來解釋，說看你在國文系裡始終做附庸，得不了主要的地位，還不如另立門戶，可以施展本領，一方面也可以給他的白話文學開闢一個新領土。但是據所謂「某籍某系」的人看來，這似乎是一種策略，彷彿是調虎離山的意思，不過我一向不願意只以惡意猜測人，所以也不敢貿然決定。平心而論，我在北大的確可以算是一個不受歡迎的人，在各方面看來都是如此，所開的功課都是勉強湊數的，在某系中只可算得是個幫閒罷了，又因為沒有力量辦事，有許多事情都沒有能夠參加，如溥儀出宮以後，清查故宮的時候，我也沒有與聞，其實以前平民不能進去的宮禁情形我倒是願得一見的。我真實是一個屠介涅夫小說裡所謂多餘的人，在什麼事情裡都不成功，把一切損害與侮辱看作浮雲似的，自得其樂的活著，而且還有餘暇來寫這篇《談往》，將過去的惡夢從頭想起，把它經過篩子，撿完整的記錄下來，至於有些篩下去的東西那也只得算了。

愛羅先珂上

民國十一年（一九二二）裡北京大學開了一門特殊的功課，請了一個特殊的講師來教，可是開了不到一年，這位講師卻是忽然而來，又是忽然而去，像彗星似的一現不復見了。這便是所謂俄國盲詩人愛羅先珂，而他所擔任的這門功課，乃是世界語。原來北大早就有世界語了，教師是孫國璋，不過向來沒人注意，只是隨意科的第三外國語罷了。愛羅先珂一來，這情形就大不相同，因為第一是俄國人，又是盲而且是詩人，他所作的童話與戲曲《桃色的雲》，又經魯迅翻譯了，在報上發表，已經有許多人知道，恰巧那時因為他是俄國人的緣故，日本政府懷疑他是蘇聯的間諜，同時卻又疑心他是無政府主義大杉榮的一派，便把他驅逐出國了。愛羅先珂從大連來到上海，大概是在一九二二年的春初，有人介紹給蔡校長，請設法安頓他，於是便請他來北大來教世界語。但是他一個外國人又是瞎了眼睛，單身來到北京，將怎麼辦呢？蔡孑民於是想起了託我們的家裡照顧，因為他除了懂得英文和世界語之外，還在東京學得一口流利的日本語，這在我們家裡是可以通用的，我與魯迅雖然不是常川在家，但內人和他的妹子卻總是在的，因為那時妻妹正是我的弟婦。是年二月的日記裡說：

「廿四日雪，上午晴，北大告假。鄭振鐸耿濟之二君引愛羅先珂君來，暫住東屋。」這所謂東屋，是指後院九間一排的東頭這三間，向來空著，自從借給愛羅君住後，便時常有人來居住，特別是在恐怖時代，如大元帥時的守常的世兄，清黨時的劉女士等人。第二天我帶了他去見北大校長，到了三月四日收到學校的聘書，月薪二百元，這足夠他生活的需要了。以後各處的講演，照例是用世界語，於是輪到我去跟著做翻譯兼嚮導，僥倖是西山那幾個月的學習，所以還勉強辦得來。但是想像豐富，感情熱烈，不愧為詩人兼革命家兩重性格，講演大抵安排得很好，翻譯卻也就不容易，總須預先錄稿譯文，方才可以，預備時間比口說要多過幾倍，其中最費氣力的是介紹俄國文學的演說，和一篇《春天與其力量》，那簡直是散文詩的樣子。最初到北大講演的時候，好奇的觀眾很多，講堂有廟會裡的那樣擁擠，只有從前胡適博士和魯迅，隨後還有冰心女士登台那個時候，才有那個樣子，可是西洋鏡看過也就算了，到得正式上課那便沒有什麼翻譯，大約由講師由英語說明，就沒有我的分，所以情形也不大明白。世界語這東西是一種理想的產物，事實上是不十分適用的，人們大抵有種浪漫的思想，夢想世界大同，或者不如說消極的反對民族的隔離，所以有那樣的要求，但是所能做到的也只是一部分的聯合，即如「希望者」的世界語實在也只是歐印語的綜合，取英語的文法之簡易，而去其發音之龐雜，又多用拉丁語根，在歐人學起來固屬便利，若在不曾學過歐語的人還是一種陌生的外國語，其難學原是一樣的。不過寫了「且夫」二字，大有做起講之意，意思自可佩服，且在交通商業上利用起來，也有不少的好處。但在當時提倡世界語的人們大抵都抱有很大的期望，這也是時勢使然，北京有一群學生受了愛羅先珂的熱心鼓吹的影響，成立世界語學會，在西城兵馬司衕衕租了會所，又在法政大學等處開設世界語班，結果是如曇花一現，等愛羅先珂離京以後，也都關了門了。他又性喜熱鬧，愛發議論，不過這在中國是不很適宜的，是年十二月北大慶祝多少年紀念，學生髮起演戲，他去旁聽了，覺得不很滿意，回來寫了一篇文章批評他們，說學生似乎模仿舊戲，有欠誠懇的地方，由魯迅譯出登在報上。不意這率直的忠告刺痛了他們，學生群起抗議，魏建功那時還未畢業，做了一篇《不能盲從》的文章最是極諷刺之能事，而且題目於「盲」字上特加引號，尤為惡劣。魯迅見報乃奮起反擊，罵得他咕的一聲也不響，那篇文章集子裡沒有收，只在全集拾遺可以見到。事情是這樣下去了，但是第二年正月裡，他往上海旅行的時候，不知什麼報上說他因為劇評事件，被北大學生攆走了。到了四月他提前回國去了，什麼原因別人沒有知道，總之是他覺得中國與他無緣吧，那麼在某種意義上，說是被攆走了，也未始不可。幸而他眼睛看不見，也不認得漢字，若是知道的話，他該明白中國青年的舉動，比較他在離開日本時便衣偵探要挖開他的眼睛看他是不是真瞎，其侮辱不相上下，更將怎樣的憤慨呢。

愛羅先珂下

愛羅先珂（Eroshenko）這是他在日本時所使用的姓氏的音譯，比較準確的寫「厄羅申科」，因為找好看字眼所以用了那四個字，其實他本姓是「牙羅申科」，因譯音與日本語的「野郎」相近，野郎本義只是漢子，後來轉為侮辱的意義，並為男娼的名稱，所以避忌了。他的名字是華西利，不過普通只用他的姓，沿用日本的稱呼叫他做「愛羅君」（Ero-sang），——日本字母裡沒有「桑」字音，只有「三」字，但在稱呼人的「樣」字的發音上，卻往往變作「桑」了。他是小俄羅斯人，便是現在的烏克蘭，那裡的人姓的末尾多用科字，有如俄國的斯奇，如有名的小說家科羅連珂，還有最近給他做逝世一百年紀念的謝甫琴柯，都是小俄羅斯的人。——關於謝甫琴科，民國元年（一九一二）寫《藝文雜話》十三則，登在紹興的《民興日報》上，其第二篇是講他的，曾以文言譯述其詩一首，今附錄於下：

「是有大道三岐，烏克蘭兄弟三人分手而去。家有老母，伯別其妻，仲別其妹，季別其歡。母至田間植三樹桂，妻植白楊，妹至谷中植三樹楓，歡植忍冬。桂樹不繁，白楊凋落，楓樹亦枯，忍冬憔悴，而兄弟不歸。老母啼泣，妻子號於空房，妹亦涕泣出門尋兄，女郎已臥黃土隴中，而兄弟遠遊，不復歸來，三徑蕭條，荊榛長矣。」

愛羅先珂於一九二二年二月廿四日到京，寄住我們的家裡，至七月三日出京赴芬蘭第十四回的萬國世界語學會的年會，我同內弟重久和用人齊坤送他到東車站，其時離開車還有五十分鐘，卻已經得不到一個坐位了，幸而前面有一輛教育改進社赴濟南的包車，其中有一位尹炎武君，我們有點認識，便去和他商量，承他答應，於是愛羅君有了安坐的地方，得以安抵天津，這是很可感謝的。到了十一月四日，這才獨自回來了。十二月十七日北大紀念演戲，就發生了那劇評風潮。第二年一月廿九日利用寒假，又出發往上海去找胡愈之君，至二月廿七日回北京來，但是四月十六日重又出京回國，從此就再沒有回到中國來了。愛羅先珂在中國的時期可以說是極短，在北京安住的時間一總不到半年，用句老話真是席不暇暖，在他的記憶上留下什麼印象，還有他給青年們有多少影響，這都很是難說，但他總之是不曾白來了這一趟的。在魯迅的小說《鴨的喜劇》裡邊，便明朗的留下他的影像，這是一九二二年發表於十二月號的《婦女雜誌》的，可能寫這篇小說的時期還要早一點吧。愛羅先珂嫌北京的寂寞，便是夏天夜裡也沒有什麼昆蟲吟叫，連蝦蟆叫都聽不到，便買了些蝌蚪子來，放在他窗外的院子中央的小池裡。那池的長有三尺，寬有二尺，是掘了來種荷花的，從這荷池裡雖然從來沒有見過養出半朵荷花來，然而養蝦蟆卻實在是一個極合式的處所。他又慫恿人買小雞小鴨，都拿來養在院子裡。

「他於是教書去了，大家也走散。不一會，仲密夫人拿冷飯來餵牠們時，在遠處已聽得潑水的聲音，跑到一看，原來那四個小鴨都在荷池裡洗澡了，而且還翻筋斗，吃東西呢。等到攔它們上了岸，全池已經是渾水，過了半天澄清了，只見泥裡露出幾條細藕來，而且再也尋不出一個已經生了腳的蝌蚪了。

『伊和希珂先，沒有了，蝦蟆的兒子。』傍晚時候，孩子們一見他回來，最小的一個便趕緊說。

『唔，蝦蟆？』

仲密夫人也出來了，報告了小鴨吃完蝌蚪的故事。

『唉，唉！……』他說。」這一段是小說，但是所寫的卻是實事，這裡邊所有的詩便只是池裡的細藕罷了。我也曾經做過三篇文章，總名「懷愛羅先珂君」，第一篇是七月十四日所寫，在他出發往芬蘭去之後，第二篇是十一月一日，大約與《鴨的喜劇》差不多同時之作，第三篇則在他回國去的第二天所寫，已是一九二三年的四月了。我在第二篇文章裡有一節云：

「他是一個世界主義者，但是他的鄉愁卻又是特別的深。他平常總穿著俄國式的上衣，尤其是喜歡他的故鄉烏克蘭的刺繡的小衫，——可惜這件衣服在敦賀的船上給人家偷了去了。他的衣箱裡，除了一條在一日三浴的時候所穿的緬甸筒形白布袴以外，可以說是沒有外國的衣服。即此一件小事，也就可以想見他是一個真實的『母親俄羅斯』的兒子。他對於日本正是一種情人的心情，但是失戀之後，只有母親是最親愛的人了。來到北京，不意中得到歸國的機會，便急忙奔去，原是當然的事情。前幾天接到英國達特來夫人寄來的三包書籍，拆開看時乃是七本神智學的雜誌名『送光明者』，卻是用點字印出的，原來是愛羅君在京時所定，但等得寄到的時候，他卻已走的無影無蹤了。

愛羅君寄住在我們家裡，兩方面都很隨便，覺得沒有什麼窒礙的地方。我們既不把他做賓客看待，他也很自然與我們相處，過了幾時不知怎的學會侄兒們的稱呼，差不多自居於小孩子的輩分了。我的兄弟的四歲的男孩是一個很頑皮的孩子，他時常和愛羅君玩耍。愛羅君叫他的諢名道：『土步公呀！』他也回叫道：『愛羅金哥君呀！』但愛羅君極不喜歡這個名字，每每嘆氣道：『唉，唉，真窘極了！』四個月來不曾這樣叫，『土步公』已經忘記愛羅金哥君這一句話，而且連曾經見過一個『沒有眼睛的人』的事情也幾乎記不起來了。」以上所記雖是微細小事，卻很足以見他生平之一斑，所以抄錄於此，這裡只須說明一句，那小說裡的最小的小孩也即是這個土步公，他的本名是一個「沛」字，但是從小就叫諢名，一直叫到現在。我的兒子本名叫「豐」，上學的時候加上了一個數目字，名叫「豐一」，到得土步公該上學了，我想反正將來長大了的時候自己要改換名字的，為的省事起見，現在就叫做「豐二」吧，在他底下還有一個「豐三」，不幸在二十歲時死去了。——可是奇怪的事，他們卻並不改換名字，至今那麼的用著。至於愛羅君為什麼不喜歡愛羅金哥這個名字的呢，因為在日本語裡男根這字有種種說法，小兒語則云欽科，與金哥音相近似。

不辯解說上

這裡且讓我來抄一篇刊文吧。普通說刊文有兩種意思，其一是已經刊布的文章，不論是誰做的，就抄襲了過來，其二則用於做八股文的時候，遇著做過或是多少相近的題目，便將窗稿中舊作，抄來應付，雖然「刊文」二字似乎用的不很妥當，但是習慣上是那麼說的。我這所謂抄刊文乃是兼有此兩種的意義，因為這本是我所做的，可以說是後者，但又是刊布過的了，所以說屬於前者也未始不可。此篇文章名叫「辯解」，收在《藥堂雜文》裡邊，原本是一九四〇年五月所寫，算起來已是二十年前的事了。原文如下：

「我常看見人家口頭辯解，或寫成文章，心裡總是很懷疑，這恐怕未必有什麼益處吧。我們回想起從前讀過的古文，只有楊惲報孫會宗書，嵇康與山濤絕交書，文章實在寫得很好，都因此招到非命的死，乃是筆禍史的數據，卻記不起有一篇辯解文，能夠達到息事寧人的目的的。在西洋古典文學裡倒有一兩篇名文，最有名的是柏拉圖所著的《梭格拉底之辯解》，可是他雖然說的明徹，結果還是失敗，以七十之高齡服了毒人蔘了事。由是可知說理充足，下語高妙，後世愛賞是別一回事，其在當時不見得是如此，如梭格拉底說他自己以不知為不知，而其他智士悉以不知為知，故神示說他是大智，這話雖是千真萬真，但陪審的雅典人士聽了哪能不生氣，這樣便多投幾個貝殼到有罪的瓶裡去，正是很可能的事吧。

辯解在希臘羅馬稱為亞坡羅吉亞，大抵是把事情『說開』了之意。中國民間多叫做冤單，表明受著冤屈。但是『兔在冪下不得走，益屈折也』的景象，平常人見了不會得同情，或者反覺可笑亦未可知，所以這種宣告也多歸無用。從前有名人說過，如在報紙上看見有聲冤啟事，無論這裡邊說得自己如何仁義，對手如何荒謬，都可以不必理他，就只確實的知道這人是敗了，已經無可挽救，嚷這一陣之後就會平靜下去了。這個觀察已是無情，總還是旁觀者的立場，至多不過是別轉頭去，若是在當局者，問案的官對於被告本來是『總之是你的錯』的態度，聽了呼冤恐怕更要發惱，然則非徒無益而又有害矣。鄉下人抓到衙門裡去，打板子殆是難免的事，高呼青天大老爺冤枉，即使僥倖老爺不更加生氣，總還是丟下籤來喝打，結果是於打一頓屁股之外，加添了一段叩頭乞恩，成為雙料的小醜戲，正是何苦來呢？古來懂得這個意思的人，據我所知道的有一個倪雲林。余澹心編《東山談苑》卷七有一則云：

『倪元鎮為張士信所窘辱，絕口不言，或問之，元鎮曰，一說便俗。』兩年前我嘗記之曰：

『余君記古人嘉言懿行，裒然成書八卷，以余觀之，總無出此一條之右者矣。嘗怪《世說新語》以後所記，何以率多陳腐，或歪曲遠於情理，欲求如桓大司馬樹猶如此之語，難得一見。雲林居士此言，可謂甚有意思，特別如餘君之所云，亂離之後，閉戶深思，當更有感興，如下一刀圭，豈止勝於吹竹彈絲而已哉。』此所謂俗，本來雖是與雅對立，在這裡的意思當稍有不同，略如吾鄉方言裡的『魘』字吧，勉強用普通話來解說，恐怕只能說不懂事，不漂亮。舉例來說，恰好記起《水滸傳》來，這在第七回『林教頭刺配滄州道』那一段裡，說林沖在野豬林被兩個公人綁在樹上，薛霸拿起水火棍待要結果他的性命，林沖哀求時，董超道，『說什麼閒話，救你不得。』金聖嘆在閒話句下批曰：

『臨死求救，謂之閒話，為之絕倒。』本來也虧得做書的寫出，評書的批出，閒話這一句真是絕世妙文，試想被害的向凶手乞命，在對面看來豈不是最可笑的費話，施耐庵蓋確是格物君子，故設想得到寫得出也。林武師並不是俗人，如何做的不很漂亮，此無他，武師於此時尚有世情，遂致未能脫俗。古人云，死生亦大矣，豈不痛哉。戀愛何獨不然，因為戀愛生死都是大事，同時也便是閒話，所以對於『上下』我們亦無所用其不滿。大抵此等處想要說話而又不俗，只有看梭格拉底的樣一個辦法，元來是為免死的辯解，而實在則唯有不逃死才能辯解得好，類推開去亦無異於大辟之唱《龍虎鬥》，細思之正復可以不必矣。若倪雲林之所為，寧可吊打，不肯說閒話多出醜，斯乃青皮流氓『受路足』的派頭，其強悍處不易及，但其意思甚有風致，亦頗可供後人師法者也。

此外也有些事情，並沒有那麼重大，還不至於打小板子，解說一下似乎可以明白，這種辯解或者是可能的吧。然而，不然。事情或是排解得了，辯解總難說得好看。大凡要說明我的不錯，勢必先須說對方的錯，不然也總要舉出些隱密的事來做材料，這卻是不容易說得好，或者不大想說的，那麼即使辯解得有效，但是說了這些寒傖話，也就夠好笑，豈不是前門驅虎而後門進了狼麼。有人覺得被誤解以致被侮辱損害都還不在乎，只不願說話得宥恕而不免於俗，即是有傷大雅，這樣情形也往往有之，固然其難能可貴比不上雲林居士，但是此種心情我們也總可以體諒的。人說誤解不能免除，這話或者未免太近於消極，若說辯解不必，我想這不好算是沒有道理的話吧。五月二十九日。」

不辯解說下

這篇論「辯解」的文章是民國二十九年（一九四〇）裡所寫，是去今二十年前，那時只為要寫一種感想，成功一篇文章，需要些作料，這裡邊的楊惲嵇康，梭格拉底以及林武師，其實都是餚饌的「墊底」，至於表面的「臛頭」實在只是倪元鎮這一點。這回講到一九二三年與魯迅失和的事件，因為要說明我不辯解的態度，便想到那篇東西可能表明我的理論，所以拿來利用一下，但那些陪襯的廢話本來是多餘的，我所要的其實只是最末後的一節罷了。關於那個事件，我一向沒有公開的說過，過去如此，將來也是如此，在我的日記上七月十七日項下，用剪刀剪去了原來所寫的字，大概有十個左右，八月二日記移住磚塔衚衕，次年六月十一日的衝突，也只簡單的記著衝突，並說徐張二君來，一總都不過十個字。——這裡我要說明，徐是徐耀辰，張是張鳳舉，都是那時的北大教授，並不是什麼「外賓」，如許季茀所說的。許君是與徐張二君明白這事件的內容的人，雖然人是比較「老實」，但也何至於造作謠言，和正人君子一轍呢？不過他有一句話卻是實在的，這便是魯迅本人在他生前沒有一個字發表，他說這是魯迅的偉大處，這話說的對了。魯迅平素是主張以直報怨的，並且還更進一步，不但是以眼還眼，以牙還牙，還說過這樣的話，（原文失記，有錯當改）人有怒目而視者，報之以罵，罵者報之以打，打者報之以殺。其主張的嚴峻有如此，而態度的偉大又如此，我們可不能學他的百分之一，以不辯解報答他的偉大乎？而且這種態度又並不是出於一時的隱忍，我前回說過對於所謂五十自壽的打油詩，那已經是那事件的十多年之後了，當時經胡風輩鬧得滿城風雨，獨他一個人在答曹聚仁楊霽雲的書簡中，能夠主持公論，胸中沒有絲毫蔕芥，這不是尋常人所能做到的了。

或者有人說，書簡所說乃是私人間的說話，不能算什麼。那麼讓我們來看他所公表的吧，這第一是小說，收在《徬徨》裡邊的一篇《弟兄》，是寫我在一九一七年初次出疹子的事情，雖然是小說可是詩的成分並不多，主要的全是事實，乃是一九二五年十一月三日所作，追寫八年前的往事的。可是最特別的是寫成《弟兄》的十一天以前所作，在魯迅作品中最是難解的一篇，題目乃是「傷逝」，於十月二十一日寫成，也不曾在雜誌上發表過，便一直收在集子裡了。關於這篇小說，我在《魯迅小說裡的人物》裡邊只在地方略加考證，現在轉錄一部分，並加以補充於下：

「《傷逝》這篇小說大概全是寫的空想，因為事實與人物我一點都找不出什麼模型或依據。要說是有，那只是在頭一段裡說：『會館裡的被遺忘在偏僻裡的破屋是這樣的寂靜和空虛。時光過得真快，已經快滿一年了，事情又這麼不湊巧，我重來時偏偏空著的又只有這一間屋。依然是這樣的破窗，這樣的窗外的半枯的槐樹和老紫藤，這樣的窗前的方桌，這樣的敗壁，這樣的靠壁的板床。』第二段中又說到那窗外的半枯的槐樹的新葉，和掛在鐵似的老幹上的一房一房的紫白的藤花。我們知道這是南半截衚衕的紹興縣館，著者在民國初年曾經住過一時的，最初在北頭的藤花館，後來移在南偏的獨院補樹書屋，這裡所寫的槐樹與藤花，雖然在北京這兩樣東西很是普通，卻顯然是在指那會館的舊居，但看上文偏僻裡云云，又可知特別是說那補樹書屋了。」當時忘記了說，他從藤花館搬到補樹書屋的時候，日記上說明是為「避喧」，那麼更可證明會館裡偏僻的地方只是補樹書屋的一處而已。這樣的證明於了解那篇小說有什麼的用處呢？《傷逝》這篇小說很是難懂，但如果把這和《弟兄》合起來看時，後者有十分之九以上是「真實」，而《傷逝》乃是全個是「詩」。詩的成分是空靈的，魯迅照例喜歡用《離騷》的手法來做詩，這裡又用的不是溫李的詞藻，而是安特來也夫一派的句子，所以結果更似乎很是晦澀了。《傷逝》不是普通戀愛小說，乃是借假了男女的死亡來哀悼兄弟恩情的斷絕的。我這樣說，或者世人都要以我為妄吧，但是我有我的感覺，深信這是不大會錯的。因為我以不知為不知，宣告自己不懂文學，不敢插嘴來批評，但對於魯迅寫作這些小說的動機，卻是能夠懂得。我也痛惜這種斷絕，可是有什麼辦法呢，人總只有人的力量。我很自幸能夠不俗，對於魯迅研究供給了兩種數據，也可以說對得起他的了，關於魯迅以外的人我只有對許季茀一個人，有要訂正的地方，如上邊所說的，至於其他無論什麼樣人要怎麼說，便全由他們去說好了。

嗎嘎喇廟

民國十二三年便是一九二三至二四年，我們在北大裡的一群人，大抵是在文科裡教書的那些日本留學生，對於中日問題的解決，還有些幻想，所以在對日活動上也曾經努力過，可是後來都歸於徒勞，終是失敗了事。這一群人有陳百年，他是光復會的舊人，從前同了龔未生兩人一直跟著陶煥卿跑，在煥卿著《中國民族權力消長史》的時候，二人都列名校對，未生別號是「獨念和尚」，百年則稱為「悠悠我思」，這與著書的「會稽先生」是相對成趣，魯迅所時常引為談助的。此外是沈尹默，他雖然不是留東學生，可是在這團體裡很有勢力，算是捏鵝毛扇的，因此朋友們就奉尊號稱之為鬼谷子，而實際奔走聯絡的則是張鳳舉，他本名張定璜，是京都帝大的學生，後來當國民政府的駐日代表團員，現在就一直住在日本。還有兩個人乃是馬幼漁和我，本來還有朱希祖錢玄同，但玄同或者因為在北大隻是講師的關係，所以除外了，朱希祖不曉得因為什麼，也不去拉他，其實他們倒是民報社聽講的人，即此可見「正人君子」的某籍某系的話是胡亂造謠罷了。

學校方面當初找我們幾個人，商談一下退還庚子賠款的事情。當年組織聯軍的八國向中國強要了去莫大的賠款，可是後來又由美國發起，退還給中國，用在教育文化事業上面，這於文化侵略是最有效力的。俄國於第一次歐戰之後就完全放棄了，英法各國也相繼宣告退還，其中只是日本做得頂不漂亮，他不好意思說不退，可是退又是實在捨不得，所以經過好幾年的曲折，成立了一個什麼「對支文化事業委員會」，後來修正成為「東方文化事業委員會」，是屬於他們內閣的一個機關，這事是在幾年之後，那時中國只能放手不管，由他們自己去搞了。這是後話，且說其時還什麼都沒有頭緒，我們便是我和張鳳舉同去日本公使館找吉田參事官一談，當時所談只是公事，這是一九二三年三月十三日的事，但是由於這回的訪問，漸漸相識，遂於九月二十日在吉田處與坂西諸人相會，商量組織「中日學術協會」，為他日協商的地步。日記上只簡單的記著：

「二十日晴，下午往燕大上課，四時後往訪鳳舉，至正昌飲茶，同往吉田君宅晚餐，來者坂西，土肥原，今西，澤村，及北大同人，共十六人，十一時散。」坂西利八郎是日本的陸軍中將，一向在北京為北洋政府的軍事顧問，是個有名的「支那通」，土肥原賢二那時候還是少佐，是他的幫手，坂西用中國話介紹說，「這是我的夥計，」是後來「侵華」的罪魁禍首，在巢鴨監獄裡同了別的戰犯一起明正典刑的，不過在那時候還看不出什麼來，只是覺得在老奸巨猾的坂西旁邊，顯得鄉下老似的土頭土腦，其實後來他的鬼計百出，終於弄得一敗塗地，也何嘗不是他的笨拙的證據呢。今西龍是研究朝鮮語的，澤村則是講美術史的，都是東京大學的教授，那時逗留在北京，這裡只是來作陪客的罷了。這回宴會不久之後，中日學術協會便告組織完成了，裡邊的主幹在日本方面是坂西和土肥原，土肥原還有一個他的「夥計」，叫方夢超，大概是安徽桐城人，乃沈尹默的親戚，此外由坂西去拉了些在北京政府各部裡做顧問的日本人來充數，都是無關緊要的了。中國方面是張鳳舉，他同坂西後來被選作「幹事」，其餘的人便都是具員而已，這些人是陳百年，馬幼漁，沈尹默和我，此外坂西還想拉李守常，可是不成功。他們的人選是要取北大人裡多少和國民黨有淵源者，但是對於我卻有點看錯了，——北伐的時節，沈尹默張鳳舉和蕭子升組織了特務委員會，很替國民黨出過力，後來登記黨員，鳳舉替我和徐耀辰都報了名，但是我們敬謝不敏，沒有去應筆試與口試。日本人的用意是，那時北洋政府已是完全無望，眼見國民政府的北伐將要成功，便想來找個橋樑，過去和國民黨接洽。據張鳳舉所說，坂西表示中日談判很是樂觀，因為二十一條本未成立，當然可以破棄，即租界等問題亦可讓步，日本所希望者只在保留因日俄戰爭所得的權利，這些權利取自帝俄，並非由中國奪取，這種辯解雖是強詞奪理，但出自日本軍人之口，也可以說是難得了。但是不久也覺得這樣談判未必可能得中國的認可，所以又復轉為強硬政策，於是中日談判顯然無望，而中日學術協會這種組織也就自然歸於消滅了。

中日學術協會於一九二三年十月十四日宣告成立，查舊日記於那一天項下記著道：

「下午三時至西四帝王廟，赴中日學術協會成立之會，會員共十八人，交入會金十元，會費五元。歸家已晚。」這一筆錢就交給幹事，作為創辦的費用，在東城嗎嘎喇廟租了一間大屋，算作學術協會的會所，當時坂西就笑著說：「我們怎麼配說學術二字，但是招牌卻不得不這樣掛。」每月規定開一次常會，平常多借用北大第二院的會議廳，唯有遇到招待客人或接收會員等事，才在嗎嘎喇廟裡聚會。會章像煞有介事的有嚴格的規定，凡接收會員，須經到場會員全體透過，以黑白棋子表示贊否，凡投票時如有一個黑子即屬無效。會員本來是無關緊要的東西，但是這條規則卻也發生了一次效力，被否決的人是西本願寺管長大谷光瑞，這黑子乃是張鳳舉所投的。這協會自十一月十一日在北大第二院開了第一次的常會，大概維持了將有一年的光景，看看中日形勢沒有什麼好轉，特別是一九二三年十一月溥儀出宮以後，日本的漢字新聞《順天時報》更是興風作浪的胡鬧，感覺到協會再弄下去的無意義，遂於十一月十日寫了一封出會宣告書寄去，因此這有名無實的所謂學術協會也就解散了。

順天時報

凡是不曾於民國早年在北京住過些時候的人，絕不會想像到日本人在中國所辦的漢字新聞是怎麼豈有此理的可氣。本來中國的報紙最初都是外國人辦的，如上海的《申報》和《新聞報》都是如此，但那是外國商人主意為的賺錢，不像日本的乃是由政府主持，不但諸事替日本說話，便是國內瑣事也都加評論指導，一切予以干涉。這從前清時代就已辦起，在北京的一個叫做「順天時報」，在瀋陽那時稱作奉天的一個叫做「盛京時報」，就名稱上看來，也可以知道它成立的長久，和態度的陳舊了。日本是一個名稱君主立憲，而實際是由軍閥專政的國家，民國以來北洋政府雖然還很反動，可是民間有些活動顯得有民主的色彩，這與日本人的觀點是不大合得來的，其時便在報上大發議論，處處為反動勢力張目，其影響實在是很大而且很有害的。五四以後這種現象就特別顯著，可是人們都不當它是一回事，以是外國人所辦的新聞造謠是常有的，算不得什麼，不值得費筆墨來同它鬥爭，這種理由有一半是不錯的，但是一半也在讀者，要能夠知道它是在造謠才好，可是在中國這怎麼能行呢？至少也是在北京「輦轂之下」，數百年來習慣於專制之淫威，對於任何奇怪的反動言論，都可以接受，所以有些北京商會主張，簡直是與《順天時報》同一個鼻孔出氣的。這個關係似乎很是重大。結果乃由我匹馬單槍去和這形似妖魔巨人的風磨作戰，那些文章我都沒有蒐集，現在就《談虎集》卷下看來，裡邊只儲存著《中國與日本》等十四篇。這《談虎集》系取談虎色變的意思，所收多是攻擊禮教的文章，但是因為我是主張中庸的，有的對於個人或是攻擊特別粗暴的就一律不曾收入，當時另立一個目錄，預備日後另出一冊《真談虎集》，可是這個也不曾實行，那目錄也就不見，只記得裡邊有篇《恕陳源》和《恕府衛》，——即是三一八開槍的執政府衛隊，是在那事件發生以後所寫的。我那部《談虎集》是那樣經過精密選擇，卻保有與日本《順天時報》鬧彆扭的文章有十四篇之多，可見那時是怎樣的浪費筆墨，大約那時沒有收集的文章還有不少。這期間是民國十三至十六年（一九二四——二七），以後不久日本的漢文報紙大概是由外務省撤除了，但是它的宣傳的惡影響卻是儘夠大的了。

就《談虎集》裡的材料看來，最先和《順天時報》對抗的是在溥儀出宮的時候，那是在民國十三年的冬天。我在《清朝的玉璽》這一篇文章裡說道：

「玉璽這件東西，在民國以前或者有點用處，到了現在完全變了古董，只配同太平天國的那塊宋體字的印一樣，送進歷史博物館裡去了。這回政府請溥儀君出宮，討回玉璽，原是極平常的事，不值得大驚小怪，難道拿幾顆印還好去做皇帝不成麼？然而天下事竟有出於『意表之外』者，據《順天時報》說，『市民大為驚異，旋即謠言四起，咸謂……奪取玉璽尤屬荒謬，』我真不懂這些『市民』想的是什麼。我於此得到兩種感想。其一是大多數都是些昏蟲。無論所述的市民的意見是否可靠，總之都是遺民，迷信玉璽的奴隸，是的確的，所以別人可以影射或利用。輿論公意，不論真假，多是荒謬的，不可信託。其二是外國人不能了解中國的事情。外國人不是遺民，然而同他們一樣的不是本國人，所以意見也一樣的荒謬，即使不是惡意的，也總不免於謬誤，至少是不了解。……

《順天時報》是外國人的報，所以對於民國縱使不是沒有好意，也總是絕無理解，它的好惡幾乎無不與我們的相反，雖說是自然的卻也是很不愉快的事。它說清室優待條件系由朱爾典居中斡旋，現在修改恐列國不肯幹休，則不但謬誤，簡直無理取鬧了。我要問朱爾典與列國，以及《順天時報》的記者，當復闢的時候，你們為什麼不出來干涉，說優待條件既由我們斡旋議定，不準清室破約復闢？倘若當時說這是中國內政，不加干涉，那麼這回據了什麼理由可以來說廢話？難道清室可以無故破約而復闢，民國卻不能修改對待已經復過闢的清室的條件麼？雖然是外國人，似乎也不好這樣的亂說罷。——但是仔細一想，就是本國人，受過教育的人們中間，這樣的人也未必沒有，那麼吾又於外國人何尤。」

這篇文章的口氣還是相當的緩和，說外國人不懂中國的事情，所以多有荒謬的議論，就怪中國人不爭氣，愛聽他們的謬論。但是在《談虎集》所收的第二篇《李佳白之不解》中，卻收起這種假客氣話，單刀直入的指出這種報紙的用意來了。原文最末的第三節道：

「《順天時報》是外國政府的機關報，它的對於中國的好意與了解的程度是可想而知的，它引李佳白為同調所以正是當然。但我們也可以利用這些荒謬的議論。我們只要看這些外國機關報的論調，他們所幸所樂的事大約在中國是災是禍，他們所反對的大抵是於中國是有利有益的事。雖然不能說的太決絕，大旨總是如此。我們如用這種眼光看去，便不會上它的當，而且有時還很足為參考的數據。」

順天時報續

我這所寫的是民國十三年的事情，但是《順天時報》的事卻一直繼續著，到民國十六年為止，所以這裡記錄的年代也不免要混雜一點，把其他事情跳過去，先來把這一事件結束了再說別的了。

民國十五六年廣東政府國共合作成功，北伐著著勝利，眼看北洋派的政府就要坍台，於是這邊也變本加厲的反共，在這時候正是《順天時報》得意之秋，造謠生事，無所不用其極。最顯著的是關於裸體遊行的宣傳，十六年四月十五日我寫了一篇《裸體遊行考訂》，前半云：

「四月十二日《順天時報》載有二號大字題目的新聞，題曰『打破羞恥』，其文如下：『上海十日電云，據目擊者談，日前武漢方面曾舉行婦人裸體遊行二次，第一次參加者只二名，第二次遂達八名，皆一律裸體，唯自肩部掛薄紗一層，籠罩全身，遊行時絕叫打倒羞恥之口號，真不異百鬼晝行之世界矣。』該報又特別做了一篇短評，評論這件事情，其第二節裡有這幾句話：

『上海來電，說是武漢方面竟會有婦人舉行裸體遊行，美其名曰打破羞恥遊行，此真為世界人類開中國從來未有之奇觀。』

我以為那種目擊之談多是靠不住的，即使真實，也只是幾個謬人的行為，沒有多少意思，用不著怎麼大驚小怪。但《順天時報》是日本帝國主義的機關報，以尊皇衛道之精神來訓導中國人為職志的，那麼苟得有發揮他的教化的機會，當然要大大利用一下，不管它是紅是黑的謠言，所以我倒也不很覺得不對。不過該報記者說裸體遊行真為世界人類開中國從來未有之奇觀，我卻有點意見。在中國是否從來未有我不能斷定，但在世界人類卻是極常見的事。即如在近代日本，直至明治維新的五年（一八七二），就有那一種特別營業，雖然不是裸體遊行，也總相去不遠，『喊，來吹一吹吧，來戳一戳吧』的故事，現在的日本人還不會忘記吧？據《守貞漫稿》所記，在天保末年（一八四一年頃）大坂廟會中有女陰展覽，門票每人八文。原文云：

『在官倉邊野外張蓆棚，婦女露陰門，觀者以竹管吹之。每年照例有兩三處。展覽女陰在大坂僅有正月初九初十這兩天，江戶（即現今東京）則在兩國橋東，終年有之。』明治十七年（一八八四）四壁庵著《忘餘錄》，亦在『可恥之展覽物』一條下有所記錄，本擬並《守貞漫稿》別條移譯於此，唯恐有壞亂風俗之虞，觸犯聖道，故從略。總之這種可笑之事所在多有，人非聖賢，豈能無過，從事於歷史研究文明批評者平淡看過，若在壯年凡心未盡之時，至多亦把卷一微笑而已。如忘記了自己，專門指摘人家，甚且造作或利用謠言，作攻擊的宣傳，我們就要請他先來自省一下。」怎麼樣的來反省呢？就是裸體遊行可能是謠言，他們卻有過同類的女陰展覽，這是在文獻上有「目擊」者的證據，便只是有這一點的不同，因為納付過八文錢的看資，有合於資本主義的道理，或者因此便可以不算是百鬼晝行了吧。

這時候北洋政府已經完全是奉軍的勢力，張作霖進入北京，快要做大元帥了，於是有搜查俄國公使館之舉，那時國共合作的黨員便全部被捕，這是十六年四月六日事情。經過三個星期，十幾個人都被處了死刑，北大教授圖書館長李守常也就在內，《順天時報》藉此機會，又做了一次顛倒黑白宣傳。我在《日本人的好意》一篇文章裡加以反駁，上半云：

「五月二日《順天時報》上有一篇短評，很有可以注意的地方，今錄其全文如下：

『惻隱之心，人皆有之，恩怨是另一問題。貪生怕死，螻蟻尚然，善惡也是另一問題。根據以上兩個原則，所以我對於這次黨案的結果，不禁生出下列的感想來。

李大釗是一般人稱之為學者的，他的道德如何姑且不論，能被人稱為學者，那麼他的文章他的思想當然與庸俗不同，如果肯自甘淡泊，不作非分之想，以此文章和思想來教導一般後進，至少可以終身得一部人的信仰崇拜，如今卻做了主義的犧牲，絕命於絞首台上，還擔了許多的罪名，有何值得。

再說這一般黨員，大半是智識中人，難道他們的智識連螻蟻都不如麼，難道真是視死如歸的麼？要是果真是不怕死的，何不磊落光明的幹一下子，又何必在使館界內祕密行動哩？即此可知他們也並非願意捨生就死的，不過因為思想的衝動，以及名利的吸引，所以竟不顧利害，甘蹈危機，他們卻萬料不到祕密竟會洩漏，黑幕終被揭穿的。俗話說得好，聰明反被聰明誤，正是這一般人的寫照。唉，可憐可惜啊。

奉勸同胞，在此國家多事的時候，我們還是苟全性命的好，不要再輕舉妄動吧！』

你看，這思想是何等荒謬，文章是何等不通。我們也知道，《順天時報》是日本帝國主義的機關，外國人所寫的中國文，實字虛字不中律令，原是可恕的，又古語說得好，非我族類，其心必異，意見不同也不足怪。現在日本人用了不通的文字，寫出荒謬的思想，來教化我們，這雖是日本人的好意，我們卻不能承受的。……照我們的觀察說來，日本民族是素來不大喜歡苟全性命的，即如近代的明治維新就是一個明證。日本人自己若不以維新志士為不如螻蟻，便不應該這樣來批評黨案，無論尊王與共產怎樣不同，但以身殉其主義的精神總是同的，不能加以岐視。日本人輕視生死，而獨來教誨中國人苟全性命，這不能不說別有用心，顯係一種奴化的宣傳。我並不希望日本人來中國宣傳輕生重死，更不贊成鼓吹苟全性命，總之這些他都不應該管，日本人不妨用他本國的文字去發表謬論或非謬論，但決用不著他們用了漢文寫出來教誨我們。

《順天時報》上也登載過李大釗身後蕭條等新聞，但那篇短評上又有什麼如肯自甘淡泊，不作非分之想等語。我要請問日本人，你何以知道他是不肯自甘淡泊，是作非分之想？如自己的報上記載的是事實，那麼身後蕭條是淡泊的證據，還是不甘淡泊的證據呢？日本的漢字新聞造謠鼓煽是其長技，但像這樣明顯的胡說八道，可以說是少見的了。……英國雖是帝國主義的魁首，卻還沒有用這種陰險的手段來辦《順天時報》給我們看，只有日本肯這樣屈尊賜教，這不能不說是同文之賜了。『逢蒙學射於羿，盡羿之道，思天下唯羿為愈己，於是殺羿。孟子曰，是亦羿有罪焉。』嗚呼，是亦漢文有罪焉歟！」

這樣的前後搞了四年，白花了許多氣力，總寫了有十多萬字吧，但是這有什麼用處呢？結果還是時局變化，張作霖終於在北京也站不住了，只得退出關去，那時《順天時報》也就只好關門了。

女師大與東吉祥一

現在要回過去講以前的事情，其最為重大的一件，便是舉世聞名的所謂女師大的風潮。在這中間，卻另有一段和東吉祥衚衕派的人往來的經過，另外寫作一章，似乎不大好，所以拼寫在一起，成了那樣一個湊拼而成的題目，實在是很可笑的。大家知道，這二者性質相反，正如薰蕕之不能同器，但在那時我卻同它們都有些關係，講起來所以只能混在一處了。

講到女高師，——它之改稱女師大，只是在楊蔭榆來做校長之後，這以前都是稱為北京女子高等師範學校的，我和它很有一段相當長的歷史。在民國十年還是熊崇煦長校的時代，由錢秣陵來說，叫我去擔任兩小時的歐洲文學史，第二年生了半年的病，這功課就無形的結束了。到了十一年由許壽裳繼任校長，他是一個大好人，就是有點西楚霸王的毛病，所謂「印刓不予」，譬如學生有什麼要求，可與則與，不可便立即拒絕好了，他卻總是遲疑不決，到後來終於依了要求，受者一點都不感謝，反而感到一種嫌惡了。他自己教杜威的「教育與民治」，滿口德謨克拉西，學生們就送他一個徽號叫「德謨克拉東」，這名字也夠幽默的了。我那裡擔任了一年課，到第二年即一九二三年的八月裡，我就想辭職。在舊日記裡有這幾項記載：

「八月十日，寄季茀函，辭兼課。」

「九月三日，季茀來，留女高師教課，只好允之。」

「十二月廿六日，寄鄭介石函，擬辭女高師課。」這時鄭君或者是兼職國文系的主任，但辭職仍沒有准許，雖然在日記上沒有登載。一九二四年夏天許季茀辭去校長，推薦後來引起風潮的楊蔭榆繼任，楊女士是美國的留學生，許君以為辦女校最好是用女校長，況且美國是杜威的家鄉，學來的教育一定是很進步的，豈知這位校長乃以婆婆自居，把學生們看作一群的童養媳，釀成空前的風潮，這是和他的希望正相反了。我本來很怕在女學校裡教書，尤其怕在女人底下的女學校裡，因此在這時更想洗手不幹了，在日記裡記著這幾項，可以約略的知道：

「七月二日，晚楊校長招宴，辭不去。」

「七月十一日，收女高師續聘書，當還之。」

「七月十四日，送還女高師聘書。」

「七月二十日，女高師又送聘書來。」

「七月廿二日，仍送還女高師聘書。」

「七月廿七日，上午往女高師，與楊校長談，不得要領。」

「九月廿一日，馬幼漁來，交來女高師聘書。」

即此可以看見，我對於女師大的教課一向並無什麼興趣，特別是女校長到任以後更想積極的擺脫，可是擺脫不了，末了倒是由北大「某籍某系」的老大哥馬幼漁，不曉得是怎麼樣找來的，出來挽留我，於是我不得不繼續在那裡做一名「西席」，後來成為女師大事件中支援學生方面的一個人，一直到大家散夥之後，還留下來與徐耀辰成了女師大方面唯一的代表，和女子大學的學長林素園交涉以至衝突，想起來實在覺得運命之不可測。而在別一方面，我對於東吉祥派的人們，便是後來在女師大事件上的支援校長方面的所謂「正人君子」，我當初卻是很拉攏的，舊日記上還留著這些記錄：

「一九二三年十一月三日，下午耀辰鳳舉來，晚共宴張欣海，林玉堂，丁西林，陳通伯，郁達夫及士遠尹默，共十人，九時散去。」這是第一次招待他們，是在後院的東偏三間屋裡，就是從前愛羅先珂住過的地方。

「十一月十七日，午至公園來今雨軒，赴張欣海陳通伯徐志摩約午餐，同坐十八人，四時返。」

「一九二四年六月二十四日，六時至公園，赴現代評論社晚餐，共約四十人。」

「七月五日，下午鳳舉同通伯來談，通伯早去。」

「七月三十日，下午通伯邀閱英文考卷，閱五十本，六時返。

七月三十一日，上午往北大二院，閱英文卷百本。」

「一九二五年二月十二日，下午同丁西林陳通伯鳳舉乘汽車，往西山，在玉泉山旅館午飯，抵碧雲寺前，同步行登玉皇頂，又至香山甘露旅館飲茶，六時回家。」

這時候女師大反對校長的風潮已經很是高漲，漸有趨於決裂的形勢，在二月廿八日的日記裡記有「女高師舊生田羅二女士來訪，為女師大事也」的記載，她們說是中立派，來為學校求解決，只要換掉校長，風潮便自平息。那時是馬夷初以教育部次長代理部務，我當晚就打電話到馬次長的家裡轉達此意，馬次長說這事好辦，校長可以撤換，但學生不能指定後任為誰，如一定要易培基，便難以辦到。這事我不知底細，不能負責回答，就拖延了下來，到了四月內閣改組，由章行嚴出掌教育，於是局勢改變，是「正人君子」的世界了。

女師大與東吉祥二

女師大反對校長的風潮發生於一九二四年的秋天，遷延至次年一月，仍未解決，學生代表乃至教育部訴說請求，並發表宣言，堅決拒絕楊蔭榆為校長。五月七日該校開國恥紀念講演會，校長與學生髮生衝突，五月九日乃召集評議會開除學生自治會職員六個人，即蒲振聲，張平江，鄭德音，劉和珍，許廣平，姜伯諦。（這些年月和人名，我都是查考《魯迅全集》第三卷的註釋才能得來的，因為日記裡沒有詳細的記載。）我們有幾個在女師大教書的教員聽了不平，便醞釀發表一個宣言，這啟事登在五月二十七日的《京報》上，由七個人署名，即是馬裕藻，沈尹默，周樹人，李泰棻，錢玄同，沈兼士，周作人。照例負責起草的人是署名最後的，這裡似乎應該是我擬那宣言的了，但是看原文云，「六人學業，俱非不良，至於品行一端，平素又絕無懲戒記過之跡，以此與開除並論，而又若離若合，殊有混淆黑白之嫌。」似乎覺得不像是我自己的手筆，至於這是誰的呢，到現在卻也無從去查考了。

這宣言的反響來的真快，在五月三十日發行，而二十九日已經發賣的《每週評論》上，就發現陳西瀅即通伯的一篇「閒話」，不但所謂某籍某系的人在暗中「挑剔風潮」的話就出在這裡邊，而且大有挑唆北洋軍閥政府來嚴厲壓迫女師大的學生的意思。我以前因張鳳舉的拉攏，與東吉祥諸君子謬託知己的有些來往，但是我的心裡是有「兩個鬼」潛伏著的，即所謂紳士鬼與流氓鬼，我曾經說過，「以開店而論，我這店是兩個鬼品開的，而其股份與生意的分配，究竟紳士鬼還只居其小部分。」所以去和道地的紳士們周旋，也仍舊是合不來的，有時流氓鬼要露出面來，結果終於翻臉，以至破口大罵，這雖是由於事勢的必然，但使我由南轉北，幾乎作了一百八十度的大迴旋，脫退紳士的「沙龍」，加入從前那麼想逃避的女校，終於成了代表，與女師大共存亡，我說運命之不可測就是為此。這之後我就被學生自治會請去開會，時期在五月二十一日，情形如魯迅在《碰壁之後》一篇文章裡所寫，眼見一個大家庭裡鬥爭的狀況，結果當上了一名校務維持會的會員。而且說也奇怪，我還有一次以學生家長的資格，出席於當時教育部所召開的家長會，——我其實並無女兒在女師大念書，只因有人介紹一個名叫張靜淑的學生，叫我做保證人，這只須蓋一個圖章，本是「不費之惠」，不過有起事情來，家族如不在北京，保證人是要代家長負責的，這是尋常不會有的事情，但是我卻是適逢其會的碰著了。我終於不清楚張靜淑本人是不是反對校長的，假如她是女附中出身，那麼她應該為附中主任歐陽曉瀾的威脅利誘而加入對方去了，如今卻還找我這保證人去赴會，可以想見她是在反對的一邊的。那一天的日記只簡單的記著：

「八月十三日，下午四時赴教育部家長會議，無結果而散。」這會議是不可能有結果的，在八月六日北洋政府閣議已經透過教育部解散女師大，改辦女子大學的決議，這裡招集家長前來，無非叫約束學生，服從命令的意思。當時到場二十餘人，大都沒有表示，我便起來略述反對之意，隨有兩三個人發言反對，在主人地位的部長章士釗看見這個形勢，便匆匆離席而去，這便是那天無結果的詳情。以後緊接著二十二日武裝接收的一幕，由專門教育司長劉百昭率領老媽子隊伍，開赴石駙馬大街，把女學生拖拉出校，就原址開設國立女子大學，派胡敦復為校長。那班被拖出街上的學生們只得另尋棲止，在端王府的西南找到一個地方，作為校址，校長是易培基，這大概是校務維持會所推選的吧。日記裡寫著：

「九月十日，上午往宗帽衚衕（十四號電話西局一五八五），女師大開校務維持會。」

「九月二十一日，上午赴女師大開學典禮，午返。」這以後就暫時在那裡上課，到了十一月底章士釗離開了教育部，女師大隨即復校，仍搬回石駙馬大街原處。可是在第二年即一九二六年中乃有更不幸的事情發生，這即是三一八事件，女師大死了兩個學生，國文系的劉和珍與英文系的楊德群，隨後有些教員也被迫脅離開了北京。教育總長換了任可澄，教育界前途一樣黑暗，我在女師大漸漸的被擠了上去，充當代表，在八月五六兩日裡去見任可澄都不曾見到。二十二日是去年「毀校紀念」，開會紀念了不到十日，教育部又發表將女子大學和女師大合併為女子學院，而以女師大為師範大學部，派林素園為學長，於九月四日來校，武裝接收了。今據林素園的報告照錄於下：

「素園本日午前十一時復往該校，維時該校教職員等聚集多人，聲勢洶洶，當晤教員徐祖正周作人說明接收理由，該徐祖正等聲言同人等對於改組完全否認，早有宣言，何竟貿然前來，言時聲色俱厲，繼復躍起謾罵，戶外圍繞多人，一齊喝打，經部員勸告無效，並被拳擊，素園等只得來部陳明。」這篇布告登在九月六日的《世界日報》上，但記者說據前日報告，僅云林上午到校因斥該校教授為共產黨，言語之間稍有衝突，並無互毆之說，此種報告似覺離奇，殊與事實頗有出入。這新聞報導倒是公平的。

語絲的成立

第二次武裝接收女師大，已經是一九二六年的事，《語絲》卻是一九二四年創刊的，現在要來講它，須得退兩年回去，可是如來從頭講起，那便非先說孫伏園辦《晨報副刊》不可，那就更早了。——但是我且不去管它，如今且來跑一通野馬，說一說這件事的始末吧。

孫伏園原名福源，是我在紹興做中學教員那時候的學生，我查來北京以後的日記，在一九一七年有這一項記載：

「八月廿一日，下午得孫福源十五日上海涵。」那年因為有復闢之役，北大的招考改遲了，他來上海是為的應試，但是那一年沒有錄取。次年暑假裡回家去，他來訪四次，我於九月十日返北京，可是過了六天，他老先生也飄然的來了。他說想進大學旁聽，這事假如當初對我說了，我一定會阻止他的，但是既然來了，也沒得話說。日記上說：

「十八日，上午孫福源來，為致學長函。」這是寫給陳獨秀，代他請求准許旁聽的信，當時旁聽章程，一年後隨班考試及格，可以改為正科生，這條章程可是在第二年就修正了，以後旁聽生一律不得改為正科了。那一年入學的旁聽生，只有國文系二人，其一是孫福源，其二則是成平，即是辦《世界日報》的成舍我，在一榜之中出了兩位報人，也可以說不是偶然的事。

他在北大第一院上課聽講，住在第二院對過的中老胡同，和北大有名的師生都頗熟習了，這時五四運動發生，他就得了機會施展他的能力。他最初是據我所記得，同羅家倫在《國民公報》裡工作，後來那報停了，他便轉入了《晨報》，因為這兩種報同是研究系報紙，研究系是很聰明的政黨，見事敏捷，善於見風使帆，所以對於五四後的所謂新文化運動，它是首先贊助，在這《晨報》中間更有一位傑出的人物，他名叫蒲伯英，但在前清末年四川爭路風潮的時候，已很有名，那時叫蒲殿俊，是清朝的一位「太史公」。孫福源在《晨報》最初是編第五板，彷彿是文藝欄，登載些隨感雜文，我的《山中雜記》便都是在那上邊發表的，這是一九二一年的秋天的事情，等到魯迅的《阿Q正傳》分期登載，已經是《晨報副刊》了。這是報紙對開的四頁，雖是附張卻有獨立的性質，是《晨報》首創的形式，這可能是蒲伯英孫伏園兩個人的智慧，出版的時期是一九二一年的冬天吧。報上有這麼一個副刊，讓人家可以自由投稿，的確是很好的，孫福源的編輯手段也是很高明，所以一向很是發達，別的新聞都陸續仿照增加。但是好景不長，他的《晨報副刊》只辦了三年多，於一九二四年十月便交卸了，查舊日記上記著：

「十月二十四日，下午伏園來，云已出晨報社，在川島處住一宿。」伏園辭職的原因，據說是因為劉勉己擅自抽去副刊上的稿子，這是明明排擠他的意思，所以他覺得不能不走了。伏園既然離開了《晨報副刊》，便提自己來辦一個出版物，大家可以自由發表意見，不受別人的干涉，於是由他自聯絡籌辦，結果除他自己以外還有李小峰章川島，作為經營出版的人，做文章的則另外約了些人，經過一次會商，這刊物的事情就算決定了。日記上記載著道：

「十一月二日，下午至市場開成北樓，同玄同伏園小峰川島紹原頡剛諸人，議出小週刊事，定名曰

『語絲』，大約十七日出版，晚八時散。」至於刊物的名字的來源，是從一本什麼人的詩集中得來，這並不是原來有那樣的一句話，乃是隨便用手指一個字，分兩次指出，恰巧似懂非懂的還可以用，就請疑古玄同照樣的寫了。週刊的發刊詞是由我所擬的，但是手頭沒有《語絲》的原本，所以不能記得了，因為本來沒有什麼固定的宗旨，所以說得很是籠統，到後來與《現代評論》打架的時候，《語絲》舉出兩句口號來，「用自己的錢，說自己的話」，也就是這個意思，不過針對《現代評論》的接受官方津貼，話裡有刺罷了。

魯迅在《我和語絲的始終》一篇文章裡說道：

「於是《語絲》的固定的投稿者，至多便只剩了五六人，但同時也在不意中顯了一種特色，任意而談，無所顧忌，要催促新的產生，對於有害於新的舊物，則竭力加以排擊，——但應該產生怎樣的新，卻並無明白的表示，而一到覺得有些危急之際，也還是故意隱約其詞。陳源教授痛斥語絲派的時候，說我們不敢直罵軍閥，而偏和握筆的名人為難，便由於這一點。但是，叱吧兒狗險於叱狗主人，我們其實也知道的，所以隱約其詞者，不過要使走狗嗅得，跑去獻功時，必須詳加說明，比較地費些氣力，不能直捷痛快，就得好處而已。」這一節話很能說明《語絲》雜文的一方面的特色，於叱吧兒狗的確有用，可是吧兒狗也不是好惹的東西，一不小心就要被咬，我自己有過經驗，吃了一點虧，但是也怪自己不能徹底，還要講人情的緣故。我根據張鳳舉的報告，揭發陳源曾經揚言曰，「現在的女學生都可以叫局，」後來陳源追問來源，欲待發表，而鳳舉竭力央求，為息事寧人計，只好說是得之傳聞，等於認輸，當時川島很是不平，因為他也在場聽到張鳳舉的話，有一回在會賢堂聚會的時候，想當面揭穿，也是我阻止了。這是當斷不斷的一個好教訓。關於《語絲》說了不少的空話，至於實在的文章如何，好在世間還有印本流傳，只得請好事者自己去看了。

一九二五年五月三十日上海英國租界的巡捕對於示威遊行的工人市民開槍，死傷很多，這是極為重大的一樁事件，但是在殖民地卻是往往發生的事，所以國人雖然奔走呼號，也是沒有別的辦法，終於在十月裡麻胡的了結了。在北大的人也只是發表幾篇外國文的宣言，更無聊的還要打電報給羅馬法皇向他們「辯誣」，結果是白討沒趣，也實在十分可笑的事情。魯迅在《忽然想到》之十里說得很好：

「我們的市民被上海租界的英國巡捕擊殺了，我們並不還擊，卻先來趕緊洗刷犧牲者的罪名。說道我們並非赤化，因為沒有受別國的煽動，說道我們並非暴徒，因為都是空手，沒有兵器的。我不解為什麼中國人如果真使中國赤化，真在中國暴動，就得聽英捕來處死刑？記得新希臘人也曾用兵器對付過國內的土耳其人，卻並不被稱為暴徒，俄國確已赤化多年了，也沒有得到別國開槍的懲罰，而獨有中國人，則市民被殺之後，還要皇皇然辯誣，張著含冤的眼睛，向世界搜求公道。」

自己被了損害，卻要先向人家辯誣，而這些人家原是同凶手一夥兒的，這樣的做是很有點離奇的事，然而比較利用了來做生意，總還要好一點。不過這種出於「意表之外」的事情，也竟有之，不能不說是奇怪了。在《澤瀉集》裡有一篇名叫「吃烈士」的文章，便是諷刺這事的，不能正說，只好像是開玩笑似的，可見這事的重大了，——我遇見同樣事情的時候，往往只有說玩笑話的一法，過去的寫《碰傷》和

《前門遇馬隊記》，便都是這一類的例子。如今且說那篇《吃烈士》的文章：

「這三個字並不是什麼音譯，雖然讀起來有點佶屈聱牙，其實乃是如字直說，就是說把烈士一塊塊的吃下去了，不論生熟。

中國人本來是食人族，象徵的說有吃人的禮教，遇見要證據的實驗派可以請他看歷史的事實，其中最冠冕的有南宋時一路吃著人臘（案就是人肉乾）去投奔江南行在的山東忠義之民。不過這只是吃了人去做義民，所吃的原是庸愚之肉，現在卻輪到吃烈士，不可謂非曠古未聞的口福了。

前清時捉到行刺的革黨，正法後其心臟大都為官兵所炒而分吃，這在現今看去大有吃烈士的意味，但那時候也無非當作普通逆賊看，實行國粹的寢皮食肉法，以維護綱常，並不是如妖魔之於唐僧，視為十全大補的特品。若現在的吃烈士，則知其為——且正因其為烈士而吃之，此與歷來的吃法又迥乎不同者也。

民國以來久矣夫沒有什麼烈士，到了這回五卅——終於應了北京市民的『杞天之慮』，因為陽曆五月中有兩個四月，（陰曆閏四月）正是庚子預言中的『二四加一五』——的時候，才有幾位烈士出現於上海。這些烈士的遺體當然是都埋葬了，有親眼見過出喪的人可以為證，但又有人很有理由的懷疑，以為這恐怕全已被人偷吃了。據說這吃的方法計有兩種，一曰大嚼，一曰小吃。大嚼是整個的吞，其功效則加官進祿，牛羊繁殖，田地開拓，有此洪福者不過一二武士，所吞約占十分七八，下餘一兩個的烈士，供大眾知味者之分嘗。那些小吃多者不過肘臂，少則一指一甲之微，其利益亦不厚，僅能多銷幾頂五卅紗秋，幾雙五卅坤履，或在牆上多標幾次字號，博得蠅頭之名利而已。——嗚呼，烈士殉國，於委蛻更有何留戀，苟有利於國人，當不惜舉以遺之耳。然則國人此舉既得烈士之心，又能廢物利用，殊無可以非議之處，而且順應潮流，改良吃法，尤為可嘉，西人嘗稱中國人為精於吃食的國民，至有道理。我自愧無能，不得染指，但聞『吃烈士』一語覺得很有趣味，故作此小文以申論之。乙丑大暑之日。」

大暑之日系是陽曆七月廿三，距出事的時期只有四五十天，便被敏捷的人這樣的利用了，好在殖民地時代是一去不復返了，現在只是當作往事來談談而已。我寫這種文章，大概系受一時的刺激，像寫詩一樣，一口氣做成的，至於思想有些特別受英國斯威夫德（Swift）散文的啟示，他的一篇《育嬰芻議》（*A Modest Proposal*）那時還沒有經我譯出，實在是我的一個好範本，就只可惜我未能學得他的十分之一耳。

三一八

一九二六年三月十八日下午，北京鐵獅子衚衕執政府衛隊對於請願的民眾開槍，造成死者四十七人，傷者一百五十餘人的慘案，這乃是反動政府與帝國主義互相勾結，布置而成的局面，其手段之凶殘，殺傷之眾多，都是破天荒的，後來孫傳芳蔣介石的肆行殘殺，差不多都是由此出發的。當日我到盔甲廠的燕京大學去上課，遇見站在課堂外邊的學生，說今天因為請願去了，所以不上課，我正想回來，這時忽見前去赴會的許家鵬君氣急敗壞的跑回來，說「了不得了，衛隊開槍，死傷了許多人！」他自己好像沒有受傷，但一看他戴著的一頂呢帽，在左邊上卻被子彈穿了個大窟窿。我從東單牌樓往北走，一路上就遇著好些輕傷的人，坐在車上流著血，前往醫院裡去。第二天真相逐漸明瞭，那天下著小雪，鐵獅子廣場上還躺著好些死體，身上蓋著一層薄雪，有朋友目擊這慘象的，說起三一八來便不能忘記那個雪景。死者多半是青年學生，與我有關係的學校是女師大的劉和珍與楊德群二人，燕大的許君雖是奇蹟的沒有受傷，可是研究生郭燦然卻因此失了一條大腿，一九三一年我在燕大的時候，他還是國文系當祕書，可是後來大概回到河南故鄉去了。

三一八事件發生以後，我也只能拿了筆幹以文字紀念死者，做了幾副輓聯，在三月二十三日給殉難者全體開追悼會的時候，送去一聯云：

赤化赤化，有些學界名流和新聞記者還在那裡誣陷。

白死白死，所謂革命政府與帝國主義原是一樣東西。

二十五日在女師大追悼劉楊二君時，送去對聯云：

死了倒也罷了，若不想到二位有老母倚閭，親朋盼信。

活著又怎麼著，無非多經幾番的槍聲震耳，彈雨淋頭。

我真運氣，得到陳源教授替我來做註腳，我在這裡說槍聲彈雨，本來只是隨便的一句熟語，殊有甜熟之感，乃不意在三月二十七日的《現代評論》上的「閒話」裡，明說請願是入「死地」，要「冒槍林彈雨的險，受踐踏死傷之苦」的，這不但明言那天開槍是有計劃的事，而且這也做了我的文章的出典了。中法大學的胡錫爵君的追悼會不知是哪一天，我的對聯是這樣的：

什麼世界，還講愛國？

如此死法，抵得成仙！

這裡很有一點玩笑的成份，因為這是我照例的毛病，那時也的確寫了一篇似乎是遊戲的文章，題曰「死法」，是發揮這個意思的，就拿這副輓聯來做結束。當時也曾寫過些文章，正面的來說憤慨的話，自譴責以至惡罵，如在《京報》上登載的《恕陳源》等，本來想收集攏來歸入《真談虎集》內的，但是不曉得怎麼一來，不曾實行，而且把目錄也遺失了，或者是紳士鬼臨時執政的時候所決定的吧。但我有時也頗想找出來看看，因為那時那東吉祥的一班「東西」——這是魯迅送給他們的徽號——的謠言實在造得太離奇了，不知道是怎麼樣「恕」他的。魯迅在《記念劉和珍君》這篇文章裡說：

「我已經說過，我向來是不憚以最壞的惡意來推測中國人的。但這回卻有幾點出於我的意外。一是當局者竟會這樣的凶殘，一是流言家竟至如此之下劣，一是中國的女性臨難竟能如是之從容。

我目睹中國女子的辦事，是始於去年的，雖然是少數，但看那幹練堅決，百折不回的氣概，曾經屢次為之感嘆。至於這一回在彈雨中互相救助，雖殞身不恤的事實，則更足為中國女子的勇毅，雖遭陰謀祕計，壓抑至數千年，而終於沒有消亡的明證了。倘要尋求這一次死傷者對於將來的意義，意義就在此罷。」

他的話是對的，此文作於四月一日，我在三月三十一日做了一篇《新中國的女子》，也曾說道：

「三月十八日國務院殘殺學生事件發生以後，日本《北京週報》上有頗為詳明的記述，有些地方比中國的御用新聞雜誌的記者說的還要公平一點，因為他們不相信群眾拿有幾支手槍，雖然說有人拿著手杖的。他們都頗佩服中國女子的大膽與從容，明觀生在《可怕的剎那》的附記中有這樣的一節話：

『在這個混亂之中最令人感動的事，是中國女學生之剛健。凡有示威運動等，女學生大抵在前，其行動很是機敏大膽，非男生所能及，這一天女學生們也很出力。在我的前面有一個女學生，中了槍彈，她用了毛線的長圍巾摀住了流出來的血潮，一點都不張皇，就是在那恐怖之中我也不禁感到佩服了，我那時還不禁起了這個念頭，照這個情形看來中國將靠了這班女子興起來罷。』北京週報社長藤原鐮兄也在社論中說及，有同樣的意見：

『據當日親身經歷，目睹實況的友人所談，最可佩服的是女學生們的勇敢。在那個可怕的悲劇之中，女學生們死的死了，傷的傷了，在男子尚且不能支援的時候，她們卻始終沒有失了從容的態度。其時他就想到中國的興起或者是要在女子的身上了。以前有一位專治漢學的老先生，離開中國二十年之後再到北京來，看了青年女子的面上現出一種生氣，與前清時代的女人完全不同了，他很驚異，說照這個情形中國是一定會興隆的。我們想到這句話，覺得裡邊似乎的確表示著中國機運的一點訊息。』」

這《北京週報》是用日本文寫，辦給日本人看的報，所以意見有時也還正確，不像漢文報的故意歪曲。但那時候的《順天時報》是怎麼說的呢，想必有很好的妙論，可是那時因為有《現代評論》超過了它，所以對於它不曾注意，已經記不得了。

中日學院

以前對於中日問題，還不能沒有幻想，希望它能夠和平解決，因此徒勞的作些活動，第一次的中日學術協會，已經失敗了，第二次又來計劃改革同文書院，設立了中日教育會。這也是由於坂西和土肥原的介紹，與東亞同文會的代表大內見面，商議將天津的同文書院改為中國學生的留日預備學校的事宜。這同文會本是經濟文化侵略的機關，它在上海漢口天津各地設立同文書院，養成說中國話的人材，熟悉中國習慣，來中國作種種的活動。這一回卻願將天津的一處學校改作私立中學，招收中國學生，就只是用日本文作為第一外國語，畢業後可以留學日本，直接考入大學。他們請中國人合辦這學校，總務即經濟一切歸日本人擔任，教務由中國方面主持，都照教育部章程辦理。平常他們辦事，凡是要中國人給他幫忙時，總是拉些有小功名的如舉人秀才的人，這回卻找到大學裡來，仍舊在中日學術協會中間找了幾個人，即是陳百年，馬幼漁，沈尹默，張鳳舉和我一共是五個。日記上留存著這幾項記事：

「一九二五年八月三十日，上午往百年處，商議同文書院事。」

「九月二日，下午往土肥原宅，與大內江藤及北大同人共商同文書院事，晚八時回家。」

「九月四日，上午十一時往土肥原宅，議定中日教育會契約，午大內約往東興樓午餐，共計賓主九人。」

九月五日，午在東興樓與尹默幼漁鳳舉百年，共宴大內江藤土肥原，及方夢超四人。」這以後中日教育會便算成立了，議定以天津同文書院為基礎，設立中日學院，先辦初中高中部份，再擴充到大學部，其教務方面完全由中國人主持，教務長則請原有的張子秀擔任，另外請會裡派一個院長前去，並請會員二人去任兩門功課。結果推定陳百年去教論理學，馬幼漁去教國文，每週一次，院長則請沈兼士任之，因為在北京住家，不能常駐天津，所以只好時常往來京津之間。我雖是會長的名義，但只是在有一年的學校紀念日特別開會的那天，我被邀去到校講演，去過一次，所得的印象實在平凡得很，校舍足夠中學之用，但要想辦大學哪裡能行呢，好在學院方面也是沒有誠意，姑且說一句話，後來不再提起，這邊也覺得反正不能實現，也沒有人認真去追問，便這樣虛與委蛇的拖了好久。後來一個時候陳馬二君也懶得跑這一段長路了，就都辭了兼職，只讓一位由這邊介紹去的北大的研究生在枝撐門面，總務長江藤則已去世，由藤江遞補，這人也看不出別樣壞處，就只喜歡釣魚和喝酒，大半天在學校邊的水池裡垂釣，院長則時去時歸，很有倦勤的樣子，等到一九三一年柳條溝的槍聲一響，他也就正式的辭職了。土肥原介紹我們改革同文書院，未能成功，可是他在另一方面進行的搗亂工作，卻是著著進行，終於引起蘆溝橋事件，結果是「神國」成麥克阿塞的領土，而自己也遂為巢鴨殉國的「七英靈」之一人。凡是見過土肥原賢二的人，似乎不大會預料他能做大事情的人，語云，時無英雄，遂使孺子成名，我們看現在的日本好像還缺少真的英雄，這是很可怕的一件事情。

中日學院的院長當初原是想把學校辦好所以前去的，事實上他有識力可以足夠辦好一個大學部，但是事與願違，使他不得不轉為消極，然而卻有一件事，著實使他受累不淺，這便是從天津得來的一份小家眷。他本有一子一女，家庭很是圓滿，不幸他的夫人得了一種不很利害而是經常的精神病，他就在天津營了一所「金屋」，後來回到北京時又不得不把她移回來，日後他的夫人也常見到，旁人便以某女士的資格向她介紹，這真是一種可悲的喜劇了。我自己雖然沒有受什麼累，可是在一九三九年的元旦來訪的那位刺客，也聲稱是中日學院的李姓，這當然是假冒的，但是為什麼要說是中日學院來的呢？這時土肥原已經闊了起來，稱為「土肥原將軍」了，我於一月二十四日下午前去訪問他一回，擬問此事，沒有見到，從此以後就沒有看到他了。

我到北京大學裡來，到底也不知道是幹什麼來的？最初是講歐洲文學史，不過這件事並不是我所能擔任的，所以不久隨即放下了。一九二二年至燕京大學擔任現代文學組的主任，一九二五年答應沈尹默君去教孔德學校中學十年級的國文，即是初來北京時所堅絕不肯擔任的國文功課，想起來覺得十分可笑的。隨後還在北大染指於國文系的功課，講明清散文稱曰「近代散文」，至一九三六年則添一門曰「六朝散文」，在大學課程綱要說明道：

「伍紹棠跋《南北朝文鈔》云，南北朝人所著書，多以駢儷行之，亦均質雅可誦，如范蔚宗沈約之史論，劉勰《文心雕龍》，鐘嶸《詩品》，酈道元《水經注》，楊衒之《洛陽伽藍記》，斯皆篇章之珠澤，文采之鄧林。本課即本斯意，擇取六朝一二小書，略為誦習，不必持與唐宋古文較短長，但使讀者知此類散文亦自有其佳處耳。」後有案語云：

「案成忍齋示子弟帖云，近世論古文者以為壞於六朝而振於唐，然六朝人文有為唐人之所必不能為，而唐人文則為六朝才人之所不肯為者矣。」第二年又增加了「佛經文學」，說明道：

「六朝時佛經翻譯極盛，文亦多佳勝，漢末譯文模仿諸子，別無新意味，唐代又以求信故，質勝於文。唯六朝所譯能運用當時文調，加以變化，於普通駢散文外，造出一種新體制，其影響於後來文章者亦非淺鮮。今擬選取數種，稍稍講讀，注意於譯經之文學的價值，亦並可作古代翻譯文學看也。」這時候幾乎完全是轉了業，可是蘆溝橋的炮聲起來，我的這一門外道的功課也終於開不成了。

但是在那箇中間，有一個時期卻很致力於東方文學系的開設，這時間是一九二五至一九三七年，大約有十年的光景。中國過去在高等學校裡都是英語當王，有的還用英語授課，北京大學才破天荒的加以改革，一切講義都改用中文，至於外國語也不偏重英文，設立法德俄文諸系，我們也就想建立起日本文學繫起來。可是這事不大容易，俄文系也是若有若無，時有時無的不穩定，何況日本文呢？經過好些商議和等待之後，在顧孟餘任教務長的時代，乃叫我做籌備主任，於一九二五年成立東方文學系，從預科辦起。那時我們預備在這系裡教書的共有三人，即是張鳳舉，徐耀辰和我，其實我們三個人都不是研究日本文學的，張徐二君乃是學英文學的，是廚川白村的學生，我則原來是個打雜的，在人手缺少的時候劈柴挑擔都可以來一手，至於專門技工實在沒得。不過事情既然答應下來，也就只好由我們來分擔了，兩年的預科還只是語學的功課，這還可來得，等得到了兩年完了，已是一九二七年了，這時張大元帥登了台，北大改為京師大學，舊日學制一律取消，就免除了我們不得不負荷的重擔了。日文預科的幾個畢業生也就星散，消納在文法科各系，我只記得一個進了歷史系，一個進了經濟繫了。但是京師大學的壽命並不久長，它只拖了一年，隨即同大元帥同時坍了台了。我們當時便想捲土重來，國民黨政府卻用了封建思想的頭腦把北京改名北平，北京大學也改作北平大學，北大的學生不答應，學校一時開不成，因此擔誤了一年，到一九二九年的秋天這才恢復了日文預科。這時張鳳舉到歐洲留學去了，教員只剩了徐耀辰和我兩人，預科學生共有三個，便這樣的開了班，但是到了本科的時候，教員就不夠分配了，於是去拉人來幫忙，請錢稻孫擔任《萬葉集》的和歌，傅仲濤擔任近松的淨琉璃戲曲，徐耀辰擔任現代文學，我則搞些江戶時代的小說，雜湊成一年的課程，四年間敷衍過去，本科就算完畢了。這第一班於一九三五年畢業，第二班畢業於一九三六年，共計二人，第三班畢業於一九三七年，也是二人，一總三班七個人，計共花費了十足的八年，做了這一件略成片段的事情，但是仔細回想，覺得也是沒有什麼意義。俗語有云，黃胖舂年糕，吃力弗討好，正是極好的評語。鄉間有一種病，稱作「黃胖」，極似時行的所謂浮腫病，其人胖而黃，看來好像是很茁壯的人，就只是沒有力氣，而舂年糕又是特別要用力的工作，因為這裡邊多半是糯米粉，乃是很黏的，這裡人與工作兩相配合，真是相得益彰，老百姓的滑稽實在是十分可以佩服的了。

東方文學系的插話

講到東方文學系，這裡有一個插話，需得說一說，雖然照年代來說或者要差幾年，但是遲下來恐沒有機會再說了。這事在一九四四年十月裡我曾寫過一篇文章《記杜逢辰君的事》，後來收在《立春以前》隨筆集裡，不過那篇文章恐怕看到的人並不多，所以我把它來重錄一遍在這裡：

「此文題目很是平凡，文章也不會得寫得怎麼有趣味，一定將使讀者感覺失望，但是我自己卻覺得頗有意義，近十年中時時想到要寫，直至現在才勉強寫出，這在我是很滿足的事了。杜逢辰君字輝庭，山東人，前國立北京大學學生，民國十四年入學，二十一年以肺病卒於故里。杜君在大學預科是日文班，所以那兩年間是我直接的學生，及預科畢業，正是張作霖為大元帥，改組京師大學，沒有東方文學繫了，所以他改入了法科。十八年北大恢復，我們回去再開始辦預科日文班，我又為他系學生教日文，講夏目氏的小說《我是貓》，杜君一直參加，而且繼續了有兩年之久，雖然他的學籍仍是在經濟系。我記得那時他常來借書看，有森鷗外的《高瀨舟》，志賀直哉的《壽壽》等，我又有一部高畠素之譯的《資本論》，共五冊，買來了看不懂，也就送給了他，大約於他亦無甚用處，因為他的興趣還在於文學方面。杜君的氣色本來不大好，其發病則大概在十九年秋後，《駱駝草》第二十四期上有一篇小文曰『無題』，署名偶影，即是杜君所作，末署一九三〇年十月八日病中，於北大，可以為證。又查舊日記民國二十年分，三月十九日項下記云，下午至北大上課，以《徒然草》贈予杜君，又借予《源氏物語》一部，託李廣田君轉交。其時蓋已因病不上課堂，故託其同鄉李君來借書也。至十一月則有下記數項：

十七日，下午北大梁君等三人來訪，云杜逢辰君自殺未遂，便僱汽車至紅十字療養院，勸說良久無效，六時回家。

十八日，下午往看杜君病，值睡眠，其侄云略安定，即回。

十九日，上午往看杜君。

二十一日，上午李廣田君電話，云杜君已遷往平大附屬醫院。

二十二日，上午杜君同鄉孟雲嶠君來訪。

杜君不知道是什麼時候進療養院的。在《無題》中他曾說，『我是常在病中，自然不能多走路，連書也不能隨意讀。』前後相隔不過一年，這時卻已是臥床不起了。在那篇文章又有一節云：

『這尤其是在夜裡失眠時，心和腦往往是互動影響的。心越跳動，腦裡宇宙的次序就越紊亂，甚至暴動起來似的騷擾。因此，心也跳動得更加利害，必至心腦交瘁，黎明時這才昏昏沉沉地墮入不自然的睡眠裡去。這真是痛苦不過的事。我是為了自己的痛苦才了解旁人的痛苦的呀。每當受苦時，不免要詛咒了，天地不仁，以萬物為芻狗！』我們從這裡可以看出病中苦痛之一斑，在一年後這種情形自然更壞了，其計畫自殺的原因據梁君說即全在於此。當時所用的不知系何種刀類，只因久病無力，所以負傷不重，即可治癒，但是他拒絕飲食藥物，同鄉友人無法可施，末了乃趕來找我去勸說。他們說，杜君平日佩服周先生，所以只有請你去，可以勸得過來。我其實也覺得毫無把握，不過不能不去一走，即使明知無效，望病也是要去的。勸阻人家不要自殺，這題目十分難，簡直無從著筆，不曉得怎麼說才好。到了北海養蜂夾道的醫院裡，見到躺在床上，脖子上包著繃帶的病人，我說了些話，自己也都記不得了，總之說著時就覺得是空虛無用的，心裡一面批評著說，不行，不行。果然這都是無用，如日記上所云勸說無效。我說幾句之後，他便說，你說的很是，不過這些我都已經想過了的。末了他說，周先生平常怎麼說，我都願意聽從，只是這回不能從命，並且他又說，我實在不能再受痛苦，請你可憐見放我去了罷。我見他態度很堅決，情形與平時也不一樣，杜君說話聲音本來很低，又是近視，眼鏡後面的目光總是向著下，這回聲音轉高，除去了眼鏡，眼睛張大，炯炯有光，彷彿是換了一個人的樣子。假如這回不是受了委託專為勸解來的，我看了這個情形恐怕會得默然，如世尊默然表示同意似的，一握手而引退了吧。現在不能這樣，只得枝梧了一會兒，不再說道理，勸他好好將息，退了出來。第二天去看，聽那看病的侄兒說稍為安定，又據孟君說後來也吃點東西了，大家漸漸放心。日記上不曾記著，不久聽說杜君家屬從山東來了，接他回家去，服用鴉片劑暫以減少苦痛，但是隨後也就去世，這大約是二十一年的事了。

杜君的事本來已是完結了，但是在那以後不知是從哪一位，大概是李廣田君罷，聽到一段話。據說在我去勸說無效之後，杜君就改變了態度，肯吃藥喝粥了，所以我以為是無效，其實卻是發生了效力。杜君對友人說，周先生勸我的話，我自己都已經想過了的，所以沒有用處，但是後來周先生說的一節話，卻是我所沒想到的，所以給他說服了。這一節是什麼話，我自己忘記了，經李君轉述大意如此，周先生說，你個人痛苦，欲求脫離，這是可以諒解的，但在現在你身子不是個人的了，假如父母妻子他們不願你離去，你還須體諒他們的意思，雖然這於你個人是一種痛苦，暫為他們而留住。老實說，這一番話本也尋常，在當時智窮力竭無可奈何時，姑且應用一試，不意打動杜君自己的不忍之心，乃轉過念來，願以個人的苦痛去抵銷家屬的悲哀，在我實在是不及料的。我想起幾句成語，日常的悲劇，平凡的偉大，杜君的事正當得起這名稱。杜君的友人很感謝我能夠勸他迴心轉意，不再求死，但我實很是惶恐，覺得有點對不起杜君，因為聽信我的幾句話使他多受了許多的苦痛。我平常最怕說不負責任的話，假如自己估量不能做到的事，即使聽去十分漂亮，也不敢輕易主張叫人家去做。這回因為受託勸解，搜尋枯腸湊上這一節去，卻意外的發生效力，得到嚴重的結果，對於杜君我感覺負著一種責任。但是經過長期的考慮思索，我卻得著了慰解，因為我覺得我不曾欺騙了杜君，——我勸他那麼做，在他的場合固是難能可貴，在別人也並不是沒有。一個人過了中年，人生苦甜大略嘗過，這以後如不是老當益壯，重複想納妾再做人家，他的生活大概漸傾向於為人的，為兒孫作馬牛是最下的一等，事實上卻不能不認它也是這一部類，其上者則為學問為藝文為政治，他們隨時能把生命放得下，本來也樂得安息，但是一直忍受著孜孜矻矻的做下去，犧牲一己以利他人，這該當稱為聖賢事業了。杜君以青年而能有此精神，很可令人佩服，而我則因為有勸說的一段關係，很感到一種鞭策，太史公所謂雖不能至，心嚮往之，或得如傳說所云寫且夫二字，有做起講之意，不至全然打誑話欺人，則自己也覺得幸甚矣。」

堅冰至

《周易》上說，「履霜，堅冰至」，言事變之來，其所從來者積漸久遠，不是一朝一夕的事情。自從新華門「碰傷」事件發生以來，不到四年工夫，就有鐵獅子衚衕的三一八慘案，這是一九二六年的事情，到了第二年更是熱鬧了，在北京有張作霖的捕殺大學教授，上海有孫傳芳的討赤，不久各地有蔣介石的清黨，殺人如麻，不可勝計。我因為困居北京，對於別處的事多是間接傳聞，不很明瞭，現在只記載在北京所見聞的一點，主要的事是關於李守常先生的。

說到李守常，照普通說法應稱李大釗先烈，但是因為稱呼熟了，這樣說還比較方便，稱作烈士彷彿有點生疏。我認識守常，是在北京大學，算來在一九一九年左右，即是五四的前後。其時北大紅樓初蓋好，圖書館是在地窖內，但圖書館主任室設在第一層，東頭靠南，我們去看他便在這間房裡。那時我們在紅樓上課，下課後有暇即去訪他，為什麼呢？《新青年》同人相當不少，除二三人時常見面之外，別的都不容易找，校長蔡孑民很忙，文科學長陳獨秀也有他的公事，不好去麻煩他們，而且校長學長室都在第二院，要隔一條街，也不便特別跑去。在第一院即紅樓的，只有圖書主任，而且他又勤快，在辦公時間必定在那裡，所以找他最是適宜，還有一層，他頂沒有架子，覺得很可親近，所談的也只是些平常的閒話。記得有一回去訪問的時候，不久吳弱男女士也進來了，吳女士談起章行嚴家裡的事情來，她說道：「周先生也不是外人，說也沒有妨礙，」便說章家老輩很希望兒子出去做官，但是她總是反對，勸他不要加入政界。從這件事情看來，可以知道那些談話之如何自由隨便吧。平常《新青年》的編輯，向由陳獨秀一人主持，（有一年曾經分六個人，各人分編一期）不開什麼編輯會議，只有一九一八年底，定議發刊《每週評論》的時候，在學長室開會，那時我也參加，一個人除分任寫文章，每月捐助刊資數元，印了出來便等於白送給人的。在五四之後陳獨秀因為在市場發傳單，為警廳所捕，《每週評論》由胡適之與守常兩人來維持，可是意見不合，發生「問題與主義」之爭，就是警廳不來禁止，也有點維持不下去了。《每週評論》出了三十六期，我參與會議就只此一次，可是這情景我至今沒有忘記。

我最初認識守常的時候，他正參加「少年中國」學會，還沒有加入共產黨。有一回是他給少年中國學會介紹，叫我去講演過一次，因為「少年中國」裡許多人，我沒有一個相識。說也奇怪，「少年中國」集合兩極端的人物，有極左的便是共產主義者，也有極右的，記得後來分裂，組織國家主義團體的，即是這些人物。到了他加入共產黨，中國局勢也漸形緊張，我便很漸少與他閒談的機會，圖書館主任室裡不大能夠找到他了。那時的孔德學校，是蔡孑民及北大同人所創辦，教法比較新穎，北大同事的子弟多在這裡讀書，守常的一個兒子和一個女兒，也都在內。那時我擔任孔德高中的一年國文，守常的兒子就在我這班裡，最初有時候還問他父親安好，後來末了這幾個月，連他兒子也多告假不來，其時已經很近危險了。但是一般還不知道，有一回我到北大去上課，有一個學生走來找我，說他已進了共產黨，請我給他向李先生找點事辦，想起來這個學生也實在太疏忽，到教員休息室來說這樣的話，但是也想見到李葆華，叫他把這件事告訴他父親知道，可是大約有一個月，卻終於沒有這機會。

那一天我還記得很清楚，是清明節的這天，那時稱作植樹節，學校都放假一日。是日我們幾個人約齊了，同往海甸去找尹默的老兄士遠，同時下一輩的在孔德的學生也往那裡找他們的舊同學。這天守常的兒子也湊巧一同去，並且在海甸的沈家住下了，我們回到城裡，看報大吃一驚，原來張作霖大元帥就在當日前夜下手，襲擊蘇聯大使館，將國共合作的人們一網打盡了。尹默趕緊打電話給他老兄，叫隱匿守常的兒子，暫勿進城，亦不可外出，這樣的過了有兩個星期。但是海甸的偵緝隊就在士遠家近旁，深感不便，尹默又對我說，叫去燕京大學上課的時候，順便帶他進城，住在我那裡，還比較隱僻。我於次日便照辦，讓他住在從前愛羅先珂住過些時的三間小屋裡，——這以後也有些人來住過，如女師大的鄭德音，北大女生劉尊一等。可是到了次日我們看報，這天是四月二十九日，又是吃了一驚。守常已於前一日執行了死刑，報上大書特書，而且他和路友於張挹蘭幾個人照相，就登載在報上第一面。如何告訴他兒子知道呢，過一會兒他總是要過來看報的，這又使得我沒有辦法，便叫電話去請教尹默。他回答說就來，因為我們朋友裡還是他會得想辦法。尹默來了之後，大家商量一番，讓他說話，先來安慰幾句，如說令尊為主義而犧牲，本是預先有覺悟的。及至說了，乃等於沒有說，因為他的鎮定有覺悟遠在說話人之上，聽了之後又仔細看報，默然退去。守常的兒子以後住在我家有一個多月，後由尹默為經營，化名為楊震，送往日本留學，及濟南事件發生，與孔德去的同學這才都退學回來了。

清黨

說到「清黨」，有什麼人會得不感到憤慨的呢？在這回事件裡死的人不知有多少，即使自己沒有親屬在裡邊，也總有些友人和學生，不禁叫人時常想起，而且那些就是不認識的，也都是少壯有為的人，如今成批的被人屠殺，哪能不感覺痛惜呢。那時我住在北京，在「張大元帥」輦轂之下，雖說是老牌的軍閥，卻還比較的少一點這樣恐怖與慘痛的經歷，在「段執政」的三一八事件之後，也辦過些「黨案」，殺害了籠統稱為黨員的，如李守常等人，隨後還有高仁山，此外則槍斃了詆毀他們的新聞記者，最有名的是社會日報社長林白水和京報社長邵飄萍，以及演過《臥薪嘗膽》的戲的伶人劉漢臣高三奎，真實的緣因說是與「妨害家庭」相關，但是據報上說，他們的罪名也是「宣傳赤化」，至於如何宣傳法，那自然是無可查考了。總之北方的「討赤」是頗為溫和的，比起南方的聯帥孫傳芳來，簡直如小巫之見了大巫，若是拿去比國民黨的「清黨」，那是差的更遠了。

從僅存在《談虎集》捲上的幾篇雜文裡來看，便有好些數據。第一是那篇《偶感》之三，是民國十六年七月五日所作的，文云：

「聽到自己所認識的青年朋友的橫死，而且大都死在所謂最正大的清黨運動裡邊，這是一件很可憐的事。青年男女死於革命原是很平常的，裡邊如有相識的人，也自然覺得可悲，但這正如死在戰場一樣，實在無可怨恨，因為不能殺敵則為敵所殺是世上的通則，從本來合作的國民黨裡被清出而槍斃或斬決的那卻是別一回事了。燕大出身的顧千里陳丙中二君，是我所知道的文字思想上都很好的學生，在閩浙一帶為國民黨出了好許多力之後，據《燕大週刊》報告，這回已以左派的名義而被殺了。北大的劉尊一在北京被捕一次，幸得放免，來我家暫避，逃到南方去，近見報載上海捕『共黨』，看從英文譯出的名字，其一恐怕是她，不知道吉凶如何。普通總覺得南京與北京有點不同，青年學生跑去不知世故的行動，卻終於一樣的被禍，有的還從北方逃出去投在網裡，令人不能不感到惘然。至於那南方的殺人者是何心理狀態，我們不得而知，只覺得驚異，倘若這是軍閥的常態，那麼這驚異也將消失，大家唯有復歸於沉默，於是而沉默遂統一中國南北。」

在那時候我寫這段雜文，大概對於南方的軍閥還多少存有一種幻覺，不想把他來同北方的一樣看待，所以那樣的說，但是那幻覺卻隨即打消了，所以復歸於沉默，因為那正是軍閥的常態，沒有什麼的例外。同時寫一篇《人力車與斬決》，因胡適之演說中國還容忍人力車，所以不能算是文明國，我便問他不知斬首與人力車孰為不文明，第二節說：

「江浙黨獄的內容我們不得而知，雜誌上傳聞的羅織與拷打或者是『共黨』的造謠，但殺人之多總是確實的了。以我貧弱的記憶所及，《青天白日報》記者二名與逃兵一同斬決，清黨委員到甬斬決共黨二名，上海槍決五名姓名不宣布，又槍決十名內有共黨六名，廣州捕共黨一百十二人其中十三名即槍決。清法著實不少，槍斃之外還有斬首，不知胡先生以為文明否？」後來九月裡有一篇《怎麼說才好》，這五個字即是沉默的替代，本文云：

「九月十九日《世界日報》載六日長沙通訊，記湖南考試共產黨員詳情，有一節云：『有鄔陳氏者，因其子系西歪（共產青年團）的關係，被逮入獄，作「曠安宅而弗居舍正路而弗由論」，洋洋數千言，並首先交卷，批評馬克司是一個病理家，不是生理家外，並於文後附志略歷。各當道因賞其文，憐其情，將予以寬釋。』

原來中國現在還適用族誅之法，因一個初中學生一年級生是CY的關係，就要逮捕其母。湖南是中國最急進的省分，何以連古人所說的『罪人不孥』這句老生常談還不能實行呢？我看了這節新聞實在連遊戲話都不會說了，只能寫這兩行極迂闊極無聊的廢話，我承認這是我所說過的最沒有意思的廢話，雖然還有些南來的友人所談的東南清黨時的虐殺行為，我連說廢話的勇氣都沒有了。這些故事壓在我的心上，我真不知怎樣說才好，只覺得小時候讀李小池的《思痛記》的時候有點相像。」

「怎麼說才好？不說最好：這是一百分的答案。」但是不說也就是愛憎都盡，給人家看穿了底，不再有什麼希望了。北伐成功的時候，馬九先生首先在孔德學校揭起青天白日旗來歡迎國民黨，但是那最是忠厚的馬二先生卻對他朋友說道：看這回再要倒楣，那便是國民黨了！總算勉強支援了二十年，這句深刻的預言卻終於實現了。

後記

我寫那篇《我的雜學》，還是在甲申（一九四四）年春夏之交，去今也已有十八九年，有些事情已經變了樣子了。其一是勝利之後，經國民黨政府的劫收，沒有什麼值錢的東西，只是一隻手錶和一小方田黃的圖章，朱文日聖清宗室盛昱，為特務所掠，唯書物悉蕩然無存，有些歸了圖書館，有些則不可問矣。所以文中所記的書籍，已十不存一，蕭老公云，自我得之，自我失之，亦復何恨，昔曾寫「舊書回想記」，略記漢文舊籍，正可補此處之缺。其二則是解放之後，我的翻譯工作大有進展，《我的雜學》第六節中所說兩種的希臘神話，都已翻譯完成，並且二者都譯了兩遍，可以見我對於它們的熱心了。《古希臘的神與英雄與人》於一九五〇年在上海出版，印行了相當的冊數，後來改名「希臘神話故事」，又在天津印過，因為這雖是基督教國人所寫，但究竟要算好的，自己既然寫不出，怎麼好挑剔別人呢？至於那部希臘人所自編的神話集，因初次的譯稿經文化基金編譯會帶往香港去了，弄得行蹤不明，於一九五一年從新翻譯，已經連註釋一起脫稿，但是尚未付印，日本高津春繁有一九五三年譯本，收在巖波文庫中。此外還譯出些希臘作品，已詳上文一八四節以下「我的工作」裡邊，這裡不重述了。日本的滑稽本也譯了兩種，有《浮世澡堂》即是《浮世風呂》，我翻譯了兩編四卷，已於一九五八年出版，《浮世床》則譯名「浮世理髮館」，全書兩編五卷，也是已經譯出了。

我開始寫這知堂回想錄，還是在一年多以前，曹聚仁先生勸我寫點東西，每回千把字，可以繼續登載的，但是我並不是小說家，有什麼材料可這樣的寫呢？我想，我所有的唯一的材料就是我自己的事情，雖然吃飯已經吃了七八十年，經過好些事情，但是這值得去寫麼？況且我又不是創作家，只知道據實直寫，不會加添枝葉，去裝成很好的故事，結果無非是白花氣力。可是當我把這意思告訴了曹先生之後，他卻大為贊成，竭力攛掇我寫，並且很以我的只有事實而無詩的主張為然，我聽了他的話，就開始動筆。我當初以為是事情很是簡單，至多寫上幾十章就可完了，不料這一寫就幾乎兩年，竟拉長到二百章以上，約計有三十八萬字的樣子，我自己也不知道哪裡有這許多話可講，只覺得有些地方已經很節約了，因為過去的瑣屑事對於現代青年恐怕沒有趣味，有的是年代久遠所以忘懷了，沒有能夠記述清楚。還有一層，是凡我的私人關係的事情都沒有記，這又不是鄉試朱捲上的履歷，要把家族歷記在上面。與其記那些，倒是家鄉的歲時習俗，我是覺得很有意思，頗想記一點下來，可是這終於沒有機會插到裡邊去，而且在我族叔觀魚先生的那本書裡有一個附錄，是《紹興的風俗習尚》，已夠好了，不必再來多事。此外有些不關我個人的事情，我也有故意略掉的，這理由也就無須說明瞭，因為這既是不關我個人的事，那麼要說它豈不是「鄰貓生子」麼？

古來聖人教人要「自知」，其實這自知著實不是一件容易的事情。說以不知為不知似乎是不難，但是說到知，到底知的是什麼，便很有點不明白了。即如上文所說的「雜學」，裡邊十之八九只不過是對於這個有點興趣，想要知道罷了，實在只寫得「起講」的且夫二字，要說多少有點了解還只有本國的文字和思想。因為深知八股與八家文與假道學的害處，翻過來尋求出路，便寫下了那些雜學的文章，實在也不知道自己所走的路是走的對不對。據我自己的看法，在那些說道理和講趣味的之外，有幾篇古怪題目的如

《賦得貓》，《關於活埋》，《榮光之手》這些，似乎也還別緻，就只可惜還有許多好題材，因為準備不能充分，不曾動得手，譬如八股文，小腳和雅片煙都是。這些本該都寫進《我的雜學》裡去，那些物事我是那麼想要研究，就只是缺少研究的方便。可是人苦不自知，那裡我聯想起那世界有名的安徒生（H·C·Andersen）來。他既以創作童話成名，可是他還懷戀他的躄腳小說《兩個男爵夫人》，晚年還對英國的文人戈斯（E·Gosse）陳訴說，他們是不是有一天會丟掉了那勞什子（指童話），回到《兩個男爵夫人》來呢？我的那些文章說不定正是我的《兩個男爵夫人》，雖然我並無別的童話。這也正是很難說呢。

一九六二年十一月三十日。

後序

這篇文章，應該名叫後記的，但是我檢視回想錄的目錄，卻已有一節後記了，而且這乃是一九六三年的一月所寫，距今是整整的三年，我也不記得裡邊說的是些什麼了，所以只能把我現在所寫改換一下叫做後序，反正所改換的只是一個名目，裡邊所寫的無非我想說的這幾句話。這話可以分作三點來說。——關於三點有個笑話，很值得記錄它一下，以前維新很講究演說這一套的時候，演說者開頭總說所要講的共有幾點，說三點或是五點，而闡說一點的時間往往費的很多，因此聽者很感苦惱，聽說共有幾點就很頭痛。有的講演者知道了這個情形，便來改良一下，說所要講的只有幾點，不說出數目來，可是這一下卻更糟了，說數目時使人苦惱，不說時使人恐慌了，因為不知道他所說的究竟共有若干，是十點或是八點呢。不過我所說者很是簡單，乾脆就是三點，所費的時間一總不會超過一小時，雖然我這開頭似乎有點拉長的樣子，與回想錄的全體相像，很有些嚕嗦。

且說第一點，我要在這裡首先謝謝曹聚仁先生，因為如沒有他的幫忙，這部書是不會得出版的，也可以說是從頭就不會得寫的。當初他說我可以給報紙寫點稿，每月大約十篇，共總一萬字，這個我很願意，但是題目難找，材料也不易得，覺得有點為難，後來想到寫自己的事，那材料是不會缺乏的，那就比較的容易得多了。我把這個意思告知了他，回信很是贊成，於是我開始寫「知堂回想」，陸續以業餘的兩整年的工夫，寫成了三十多萬字，前後寄稿凡有九十次，都是由曹先生經手收發的。這是回想錄的前半的事情，即是它的誕生經過。但是還有它的後半，這便是它的出版，更是由於他的苦心經營，乃得有成。我於本書毫無敝帚自珍的意思，不過對他那種久要不忘的待人的熱心，辦事的毅力，那是不能不表示感佩的。這大約可以說是蔣畈精神的表現吧。

第二點是說這回想錄寫得太長了。這長乃是事實，沒有法子可以辯解，而且其實如要寫得詳盡，恐怕這還可以加上兩倍，至少有一百萬字，這便是一種辯解。因為年紀活得太多了，所以見聞也就不少，要拉雜的不加選擇的說起來，話就是說不完的。我平常總是這麼想，人不可太長壽，普通在四十以後死了最是得體，這也不以聽兼好法師的教訓才知道，可是人生不自由，就這一點也不能自己作主，不知道這是怎麼幹的，一下子就活到八十，（其實現在是實年八十一了）實在是活得太長了。從前聖王帝堯曾對華封人說道，「壽則多辱」，這雖是一時對於祝頌的謙抑的回答，其實是不錯的。人多活一年，便多有些錯誤以及恥辱，這在唐堯且是如此，何況我們呢。但是話要說回來，活到古來稀的長壽雖然並不一定是好事，可是也可以有若干的好處。即如我不曾在日軍刺客光臨苦雨齋的那時成為烈士，活到解放以後，得以看見國家飛躍的進步，並且得以參加譯述工作，於一九六二年七月至一九六五年五月這三年中間，譯成了路吉阿諾斯（Loukianos）對話集一卷，凡二十篇，計四十餘萬字。這是我四十年來蓄意想做的工作，一直無法實現的，到現在總算成功了。這都是我活到了八十歲，所以才能等到的，前年，《新晚報》上有過我的一篇雜文，叫做「八十心情」，足以表達我那時的情意。

第三點也是最末的一點，是我關於自敘傳裡的所謂詩與真實的問題的。這「真實與詩」乃是歌德所作自敘傳的名稱，我覺得這名稱很好，正足以代表自敘傳裡所有的兩種成分，所以拿來借用了。真實當然就是事實，詩則是虛構部分或是修飾描寫的地方，其因記憶錯誤，與事實有矛盾的地方，當然不算在內，唯故意造作的這才是，所以說是詩的部分，其實在自敘傳中乃是不可憑信的，應該與小說一樣的看法，雖然也可以考見到者的思想，不過認為是實有的事情那總是不可以的了。古代希臘叫詩人為「造作者」，意思重在創造，哲學者至有人以詩人為說誑的人，加以排斥，這並沒有錯，英國文人王爾德作文云「說誑之衰歇」(*The Decay of Lying*)，嘆近代詩思的頹廢，便不諱言說誑，日本人翻譯易說誑為「架空」，這有點近於粉飾，如孔乙己之諱偷書為「竊書」了。自敘傳總是混合這兩種而成，即如有名的盧梭和托爾斯泰的《懺悔錄》，據他們研究裡邊也有不少的虛假的敘述，這也並不是什麼瑕疵，乃是自敘傳性質如此，讀者所當注意，取材時應當辨別罷了。因為他們文人天性兼備詩才，所以寫下去的時候，忽然觸動靈機，詩思勃發，便來它一段詩歌的感嘆，小說的描寫，於是這就華實並茂，大著告成了。也有特殊的天才，如伊太利的契利尼者，能夠以徹頭徹尾的誑說作成自敘傳，則是例外不可多得的。我這部回想錄根本不是文人自敘傳，所以夠不上和他們的並論，沒有真實與詩的問題，但是這裡說明一聲，裡邊並沒有什麼詩，乃是完全只憑真實所寫的。這是與我向來寫文章的態度全是一致，除了偶有記憶不真的以外，並沒有一處有意識的加以詩化，即是說過假話。可是假如有人相信了我的這句話，以為所有的事情都真實的記錄在裡邊，想來找得一切疑難事件的說明，那未免是所願太奢了，恐怕是要失望的。我在上邊說過，如果詳盡的說明，那就非有一百萬字不可，這第一說是沒有這紙面。我寫的事實，雖然不用詩化，即改造和修飾，但也有一種選擇，並不是凡事實即一律都寫的。過去有許多事情，在道德法律上雖然別無問題，然而日後想到，總覺得不很愉快，如有吃到肥皂的感覺，這些便在排除之列，不擬加以記錄了。現在試舉一例。這是民國二年春間的事，其時小兒剛生還不到一週歲，我同了我的妻以及妻妹，抱了小兒到後街鹹歡河沿去散步。那時婦女天足還很少，看見者不免少見多怪。在那裡一家門口，有兩個少女在那裡私語，半大聲的說道，「你看，尼姑婆來了。」我便對她們搖頭讚歎說，「好小腳呀，好小腳呀！」她們便羞的都逃進門去了。這一種本領，我還是小時候從小流氓學來的手法，可是學做了覺得後味很是不好，所以覺得不值得記下來。此外關於家庭眷屬的，也悉不錄，上邊因為舉例，所以說及。其有關於他人的事，有些雖是事實，而事太離奇，出於情理之外，或者反似《天方夜談》裡頭的事情，寫了也令人不相信，這便都從略了。我這裡本沒有詩，可是卻叫人當詩去看，或者簡直以為是在講「造話」了。紹興方言謂說誑曰講造話，造話一語卻正是「詩」的本原了。但因此使我非本意的得到詩人的頭銜，卻並不是我所希望的。我是一個庸人，就是極普通的中國人，並不是什麼文人學士，只因偶然的關係，活得長了，見聞也就多了些，譬如一個旅人，走了許多路程，經歷可以談談，有人說「講你的故事罷」，也就講些，也都是平凡的事情和道理。他本不是水手辛八，寫的不是旅行述異，其實假如他真是遇見過海上老人似的離奇的故事，他也是不會得來講的。

一九六六年一月三日，知堂記於北京。

知堂回想錄（望越篇）：
文學與人生的交織，文學巨匠的生平風景

作　　者：周作人
發 行 人：黃振庭
出 版 者：複刻文化事業有限公司
發 行 者：複刻文化事業有限公司
E-mail：sonbookservice@gmail.com
粉 絲 頁：https://www.facebook.com/sonbookss/
網　　址：https://sonbook.net/
地　　址：台北市中正區重慶南路一段六十一號八樓 815 室
Rm. 815, 8F., No.61, Sec. 1, Chongqing S. Rd., Zhongzheng Dist., Taipei City 100, Taiwan
電　　話：(02)2370-3310
傳　　真：(02)2388-1990
印　　刷：京峯數位服務有限公司
律師顧問：廣華律師事務所 張珮琦律師
定　　價：299 元
發行日期：2023 年 12 月第一版
◎本書以 POD 印製

國家圖書館出版品預行編目資料

知堂回想錄（望越篇）：文學與人生的交織，文學巨匠的生平風景 / 周作人 著 . -- 第一版 . -- 臺北市 : 複刻文化事業有限公司 , 2023.12
面；　公分
POD 版
ISBN 978-626-7403-15-0(平裝)
1.CST: 周作人 2.CST: 回憶錄
782.887　112018461

電子書購買

臉書

爽讀 APP